Hildegunde Wöller

Vom Vater verwundet

Töchter der Bibel

Kreuz Verlag

CIP-Titelaufnahme der Deutschen Bibliothek
Wöller, Hildegunde:
Vom Vater verwundet : Töchter der Bibel / Hildegunde Wöller
– 1. Aufl. – Stuttgart : Kreuz-Verl., 1991
  (Tabus des Christentums)
  ISBN 3-7831-1072-6

© by Dieter Breitsohl AG
Literarische Agentur Zürich 1991
Alle deutschsprachigen Rechte
beim Kreuz Verlag Stuttgart
1. Auflage
Kreuz Verlag Stuttgart 1991
Umschlaggestaltung: Jürgen Reichert, Kornwestheim
Umschlagbild: Sandro Botticelli, 1445-1510, »Judiths Rückkehr
aus dem Lager«, 1484, Florenz, Galleria degli Uffizi,
Foto: Archiv für Kunst und Geschichte, Berlin.
Satz: Layer, Ostfildern
Druck und Bindung: Wilhelm Röck, Weinsberg
ISBN 3 7831 1072 6

Inhalt

Einleitung

In den vergangenen zwanzig Jahren haben immer mehr Frauen aufbegehrt gegen die Anrede Gottes als Vater. Sie assoziieren bei der Vorstellung von einem Vatergott keine Gestalt, der sie vertrauen, die sie lieben könnten, sondern umgekehrt Willkürherrschaft und Gewalt. Dieser Protest der Frauen hat Erschrecken und Unverständnis ausgelöst und tut das noch. Es ist, als rüttelten Frauen an den Grundfesten des christlichen Glaubens. Obwohl niemand bestreiten will, daß es verkehrt ist, sich ein Bild von Gott zu machen, scheint es nun doch so, als sei »Vater« kein bloßes Bild, menschlich-allzumenschlich wie alles, was wir von der Gottheit sagen können, sondern doch eine richtige Bezeichnung. Bei diesem wie bei so manchem Thema, das Frauen ins Gespräch bringen, zeigt es sich, wie wenig die männlichen Theologen bisher darüber nachgedacht haben, was Frauen wohl bewegt, und das, obwohl sie seit vielen Jahrhunderten davon überzeugt sind, sie seien die berufenen Seelsorger, Beichtväter und Lehrer der Frauen. Es ist bei der Vorstellung von Gott dem Vater nicht gleichgültig, was eine Frau sich unter einem Vater vorstellt. Was sie als kleines Mädchen erlebt hat, hat dieses Vaterbild geprägt. Wenn erwachsene Frauen von ihrem Vater erzählen, kommen recht unterschiedliche Erfahrungen zur Sprache. Nicht selten ist der Vater für die Tochter unerreichbar fremd gewesen, er interessierte sich nicht für sie, war meistens abwesend und für die Tochter nicht zu sprechen. Manchmal ließ er die Tochter sogar deutlich spüren, daß er lieber einen Sohn gehabt hätte. Andere Töchter haben einen unberechenbaren Vater erlebt, der urplötzlich Wutanfälle bekam und brüllte, dann wieder schweigsam und in sich gekehrt war – sie konnten nie wissen, wie sie mit ihm dran waren. Die nächsten hatten einen schwachen Vater, er war dem Leben nicht gewachsen, war eine Spielernatur, der die Familie in Armut stürzte, der Frau und Kinder im Stich ließ. Oder er war alkoholsüchtig und brachte Schande über die ganze Familie. Ganz entgegengesetzt dazu haben einige Töchter nicht nur einen starken und brillanten Vater erlebt, sondern sogar einen, der sie liebte und zu seiner Vertrauten machte. Diese Töchter waren und sind in ihren Vater so verliebt, vergöttern ihn so sehr, daß neben ihm nichts auf der Welt mehr Platz hat, auch sie selbst nicht. Neben diesem Vater erschien die Mutter wie ein peinlicher Schatten, und die Tochter lernte zusammen mit ihr das eigene Geschlecht zu verachten. Dann sind da die Töchter, die noch als erwachsene Frauen zittern, wenn sie an den Tyrannen denken, der sich ihr Vater nannte, eiserne Grundsätze hatte und sie mit unerbittlichem Ernst oder auch mit Gewalt durchsetzte. Wieder andere haben einen Vater erlebt, an den sie nur mit Haß und Schauder denken. Sie sprechen allenfalls zu Therapeutinnen über ihn, und daß ihre Zahl größer ist als vermutet, wird erst in jüngster Zeit bekannt. Es sind die Töchter, die von ihrem Vater sexuell mißbraucht wurden und an ihn nur wie an einen Teufel denken können, der ihnen die Seele raubte. Am besten scheinen noch die Töchter dran zu sein, deren Vater gestorben ist, als sie klein waren, im Krieg gefallen oder von einer Krankheit

8

weggerafft. Sie bewahren sich ein Idealbild von Vater, sehnen sich ein Leben lang nach ihm. Aber zu beneiden sind auch sie nicht, weil sie meinen, daß ihnen etwas Wichtiges fehlt, und ihm nachtrauern. Das sind nur einige Beispiele typischer Vatererfahrungen von Töchtern, und sie sind alle nicht dazu angetan, als wünschenswertes Vorbild für einen Vater im Himmel zu dienen. Denn ausgerechnet der Vater, der von seiner Tochter vergöttert wird, ist auf lange Sicht gefährlich für sie, weil sie nie von ihm loskommt und kein selbständiges Leben führen kann.

Dabei ist die Problematik der Vater-Tochter-Beziehung nicht etwa eine Erscheinung der Neuzeit; auch was Märchen und Mythen aus der Vergangenheit melden, bestätigt, daß Töchter von ihrem Vater nichts Gutes zu erwarten haben. Ohne Ausnahme wird immer dann, wenn von einem Vater und seiner Tochter die Rede ist, eine Schreckensszenerie geschildert. Der Vater setzt das Leben seiner Tochter aufs Spiel, um eigene Ziele zu erreichen. Geradezu typisch ist der Märchenanfang, wonach ein Mann im Wald einen Fremden trifft, der ihm Reichtum verspricht, wenn er ihm das gibt, was ihm bei der Heimkehr zuerst entgegenkommt. Unversehens hat der Mann dann immer seine Tochter dem Teufel überliefert. Nach anderen Märchen und Mythen ist es nicht der Teufel, sondern ein wildes Tier, zum Beispiel ein Drache, der das Land bedroht und dem der königliche Vater seine Tochter opfert. Andere Väter sperren ihre Töchter in einen Turm, damit kein Liebhaber sie bekommt oder damit sie keine Kinder zur Welt bringen können. Oder der Vater gibt dem Freier der Tochter so schwere Aufgaben, bevor er sie heiraten kann, daß der Freier unweigerlich ums Leben kommen muß. Töchter haben von ihrem Vater nichts Gutes zu erwarten, sondern Gefangenschaft oder einen schrecklichen Tod. Damit spiegeln Märchen und Mythen die Wirklichkeit im Patriarchat, wo individuelle erfreuliche Ausnahmen immer nur die leider ganz andere brutale Regel bestätigen, wonach Töchter für den Mann Mittel zu seinen Zwecken sind, nicht aber Individuen, zu denen er eine Beziehung aufnehmen würde.

Wer nun erwartet, daß die Bibel ein ganz anderes Vaterbild zeichnet, sieht sich getäuscht, zumindest immer dann, wenn es um die Beziehung zur Tochter geht. Im Alten Testament finden sich vielmehr die gleichen Muster, die auch in Mythos und Märchen anzutreffen sind. Davon wird in den folgenden Abschnitten die Rede sein. Selbst bei der Suche nach einem »guten« Vater im Neuen Testament kommt nicht viel zum Vorschein. Gewiß, da ist Jairus, der Synagogenvorsteher, der Jesus um Heilung für seine kranke Tochter bittet, die im Sterben liegt (Lukas 8,41ff). Er steht damit einsam da in der ganzen Bibel als ein Vater, der sich Sorgen um seine Tochter macht. Jesus hat das Mädchen aufgerichtet, ebenso wie er jene gekrümmte Frau aufrichtete, die er in der Synagoge antraf und die nach seinen Worten vom Satan gebunden war. Er gab ihr den Ehrentitel »Tochter Abrahams«, um sie dadurch in eine Reihe zu stellen mit den Söhnen des erwählten Volkes (Lukas 13,10ff). Sonst ist von Jesus über ein neues Vater-Tochter-Verhältnis wenig zu lernen, eher etwas anderes, nämlich das Gebot, keinen irdischen Mann Vater zu nennen (Matthäus 23,9), weil dieser Titel allein dem im Himmel vorbehalten sei. In diesem Sinne ist der Geist Jesu immer zunächst ein Geist des Widerstandes gegen alle irdischen Autoritäten, die sich Macht anmaßen über Töchter, seien dies leibliche Väter oder geistige, politische oder kirchliche. Diesen Geist des Widerstandes nehmen christliche Frauen darum auch in Anspruch gegen das Patriarchat. Da patriarchaler Ungeist aber seine Legitimation auf Erden vom Vatergott im Himmel abzuleiten wußte, protestieren Frauen heute auch gegen die Projektion irdischer Verhältnisse an den Himmel.

Es geht dabei nicht um Begriffe, es geht für die Frau um ihre Identität. Da die Tochter schon in den ersten Wochen und Monaten ihres Lebens erfährt, daß sie nicht geliebt und nicht angesehen wird, wächst sie mit dem Gefühl eines Mangels und einer unsicheren Identität auf. Untersuchungen zeigen, daß Mütter ihren Söhnen mehr Zuwendung geben als ihren Töchtern, insbesondere können sie ihrer Tochter nicht jene erotisch gefärbte Bestätigung geben, die nur vom anderen Geschlecht ausgeht. Da der Vater aber meistens abwesend ist, wird der Tochter von Kind auf die Bestätigung und damit die freie Entfaltung ihrer weiblichen Identität vorenthalten. Zugleich lernt sie, daß ihr Wert in der Gesellschaft davon abhängt, daß ein Mann sie begehrt und liebt, oder davon, daß sie nach männlichen Maßstäben Bildung und Leistung vorzuweisen hat. Sie wird darum alles tun, um einem Mann zu gefallen oder um sich mit Männern messen zu können, in beiden Fällen aber ihre Identität vergeblich suchen, sondern sicher verlieren. Diese psychische und soziale Situation wird von der Kirche noch gestützt und verstärkt, indem sie den Töchtern ein ganzes Bündel von Vorstellungen und Werten einimpft, die sie um so sicherer an das Patriarchat versklaven: die Sündigkeit des Weiblichen seit Eva, die Gnade des männlichen Gottes, der sie dennoch leben läßt, wofür sie ihm allezeit Gehorsam und Dank schuldet, die Zerknirschung über den Schmerzensmann am Kreuz, der um ihrer Sünde willen leiden mußte und dem sie ihre Liebe schuldet, die Erfüllung ihrer Lebensaufgabe in einer Ehe, deren Haupt der Mann ist, und in der Mutterschaft, deren Inhalt Hingabe und Selbstaufopferung sein werden, in dem allen der Verzicht auf einen eigenen Lebensentwurf und auf alle Regungen und Wünsche, die zu der gebotenen Demut und Bescheidenheit nicht passen. So präpariert, ist die Tochter später bestens dafür konditioniert, in einem Ehemann oder besser noch in einem Priester, in einem Führer oder irgendeiner anderen männlichen Figur die Verkörperung des göttlich Männlichen anzubeten, das ihr die ersehnte Zuwendung und damit endlich eine Identität geben wird.

Frauen, die an solchen Lebenskonzepten notwendig scheitern, haben, wenn sie nicht schon seelisch und geistig daran zerbrochen sind, später einen langen und schmerzhaften Weg vor sich, um sich aus der Fehlorientierung, aus dem Selbstwertverlust, aus der damit verbundenen Sinnkrise und der Zerstörung ihrer Ideale herauszuretten. Ebenso, wie die Rolle der Frau in der patriarchalen Gesellschaft und die von der Kirche vermittelten Wertvorstellungen in der Töchtererziehung so nahtlos zueinander paßten, lassen sich auch bei der Aufarbeitung dieser Konditionierung familiäre, psychische, soziale und religiöse Inhalte nicht voneinander trennen. Das Patriarchat ist ein Syndrom, das alle Schichten der Frau verdirbt. Auf dem mühsamen Weg der Befreiung wird immer deutlicher, daß die Frage nach ihrer Identität im Kern eine religiöse Frage ist.

Es ist noch nicht ausgemacht, ob die Töchter des Patriarchats in Christus den Geist finden, der ihnen eine eigene, unabgeleitete Identität ermöglicht. Viel Schutt ist vorher wegzuräumen, viel Trauerarbeit zu tun, viel Zorn zuzulassen.

Vor allem aber Schmerz, Schmerz über all das, was wehrlosen und vertrauensseligen Kindern, den Töchtern angetan worden ist und wird, bevor sie überhaupt verstehen können, wie ihnen geschieht. Ein Bezugspunkt ist bei diesem Unternehmen nötig, der außerhalb des gewohnten Kanons von Werten und Gepflogenheiten liegt. Viele Frauen haben diesen Bezugspunkt in den vorchristlichen Religionen gefunden, in deren Mittelpunkt die Große Göttin war, denn um zu erkennen, was so tief verletzt hat, muß die ganze Welt neu entworfen werden. Es ist müßig, darüber zu spekulieren, ob wir in jene vorpatriarchale Epoche zurückkehren können. Notwendig ist es aber zu zeigen, daß das Menschen- und Frauenbild, wie es das Patriarchat und mit ihm − leider − die Kirche gezeichnet haben, nicht einer »Schöpfungsordnung« entspricht, nicht »von Gott gewollt« und ebensowenig »natürlich« oder »nun einmal so« ist, sondern geschichtlich geworden, kulturell bedingt, politisch gewollt und durch Machtkonstellationen aufrechterhalten wird. Eine andere weibliche Identität, ein anderes Welt- und Gottesbild, andere Formen des Zusammenlebens sind möglich, ja hat es auf Erden schon gegeben. Beleg dafür sind die Kulturen der Frühzeit, deren Echo bis in die Gegenwart nicht völlig verhallt ist. Was einmal war, was menschenmöglich ist, kann auch den Entwurf für Alternativen zur Gegenwart inspirieren.

Ein faszinierendes Vorbild für eine neue weibliche Identität bietet die Erzählung von dem Engel, der Maria ankündigt, daß sie, die Begnadete, von Heiligem Geist erfüllt und von der Kraft des Höchsten überschattet, Mutter eines neuen Zeitalters sei, das nach ihrem Sohn Jesus heiße.

Männliche Ausleger haben dieses schöne Bild so lange seziert und analysiert, bis es zu einem anstößigen Dogma wurde, von dem nicht einmal Frauen mehr etwas wissen wollen. Einige protestieren gegen die Vergewaltigung des Mädchens Maria durch Gott den Herrn und lassen damit ahnen, welchen Umgang mit jungen Mädchen sie selbst erlebt haben. Aufgeklärte Skeptiker halten lieber Josef oder einen römischen Legionär für den Vater Jesu, als den offenkundigen Unsinn von einer biologischen Jungfräulichkeit der Mutter Maria hinzunehmen. Ebenso wie das junge Mädchen Maria darüber zum Objekt des Streites wird und über sie hinweg Kämpfe ganz anderer Art ausgefochten werden, geht es heutigen Töchtern. Jede Gesellschaft exerziert an ihnen und ihrer Erziehung die Ideologien, die gerade vorherrschen.

Das Dogma von der »Magd des Herrn« hat es lange Zeit unmöglich gemacht, das Offenkundige wahrzunehmen: Mit der Verkündigung des Engels an Maria greift der Evangelist Lukas ein vorbiblisches Motiv auf, das von der jungfräulichen Göttin, durch die jeder Neuanfang in die Welt kommt. Nach archaischen Vorstellungen wurde die junge Frau nie durch einen Mann schwanger, sondern ihre Bereitschaft für die numinos göttliche Kraft des Schöpferischen wurde symbolisiert durch Mond oder Wind, Goldregen oder ein wildes Tier. Nach einigen Mythen, zum Beispiel dem von Eurynome, begann durch diese junge Frau die Welt. Nach anderen, und von ihnen gibt es mehrere, bringt sie mit dem göttlichen Kind Heil und Freude nicht allein den Menschen, sondern der ganzen Schöpfung. Potentiell steht jedes kleine Mädchen in diesem Horizont, kehrt in ihm der junge Schöpfungsmorgen wieder oder die Möglichkeit eines Neuanfangs in der Geschichte. Wer dem Mädchen diesen Horizont abschneidet oder ihm verwehrt, sich in diesen Raum hinein zu entfalten, tritt Heiliges mit Füßen. Denn wie die Tochter liebt, wie sie sinnt und handelt, das ist auf die Erfüllung ihres kosmischen Auftrages gerichtet, den sie in sich fühlt, ohne daß ihr das jemand sagen müßte. Archaische Bilder zeigen dies sehr anschaulich: Die Göttinnen der Frühzeit erscheinen oft in zweifacher Gestalt, als reife Muttergöttin wie zum Beispiel Demeter und als ihre Verjüngung, als Kore (= das Mädchen). Niemals werden Töchter als Säuglinge dargestellt. Das Bildmotiv Mutter und Kind meint immer Mutter und Sohn, wie zum Beispiel Isis mit dem Horusknaben. Die Tochter dagegen ist immer schon »fertig«, schon eine verjüngte Ausgabe der Göttin des Lebens. Dies entspricht einer psychischen Wirklichkeit. Im Unterschied zum Jungen muß das Mädchen seine Identität nicht durch Abgrenzung von der Mutter gewinnen, sondern durch Identifizierung mit ihr. Tochter und Mutter bilden eine weibliche Einheit. Eine Entwertung des Weiblichen, wie sie in der patriarchalen Epoche üblich wurde, trifft darum alle Töchter der folgenden Generationen mit. Statt sich mit einer Mutter identifizieren zu können, die in ihrer weiblichen Würde und Kraft ruht, wurde die Tochter im Patriarchat auf den Gebrauchswert für den Mann reduziert. Eine Tochter war zunächst eine Nochnicht-Frau, der sozusagen die männliche Weihe noch fehlte. Diese Perspektive verfehlt das Sein eines jungen Mädchens. Als verjüngte Ausgabe der Mutter hat die Tochter ihren Eigenwert, symbolisiert sie die Fortdauer des Lebens, die schöpferische Erneuerung. Ihre Intentionen sind nicht auf den Mann gerichtet, sondern auf das Heilige, das Numinose. Das kann in weiblichen oder männlichen Symbolen erscheinen. Die ausschließliche Polarisierung in Männliches und Weibliches ist eine Eigenart des Patriarchats.[1] Das Heilige, die kosmische Dimension, braucht diese geschlechtliche Aufspaltung nicht. Ein Mädchen, dem diese Sichtweise aufgedrängt wird, wird aus ihrer ureigenen Identität herausgerissen, denn sie begreift sich als Priesterin des ganzen Lebens.

Das Bild der Tochter, wie ich es hier andeute, wirkt ungewöhnlich und idealisiert. Die Wirklichkeit sieht anders aus. Aber die Wirklichkeit, in die Töchter hineingeboren werden, ist auch weit entfernt von einer Welt für kleine Mädchen, so wenig übrigens wie für Kinder überhaupt. Sie ist ein patriarchales Gefängnis, in dem sie vom ersten Atemzug an verwundet werden, hineingezwängt in eine Rolle, die sie entstellt und ihrer schöpferischen Kräfte beraubt.

Wie dieses Gefängnis entstanden ist und welche Wunden es den Mädchen zufügt, soll am Beispiel der Töchter der Bibel dargestellt werden. Schließlich ist die Frage zu stellen, ob es Auswege aus diesem Gefängnis gibt und wie das Mädchen, die Frau den kosmischen Horizont wiedergewinnen kann als einen Raum, in dem sie frei atmen und sich aufrichten kann, um den Auftrag, den sie in sich spürt, zu erfüllen.

Erster Teil

Die Gefangensetzung
der Tochter

Wenn es zutrifft, was die Tiefenpsychologie lehrt, daß die ersten Lebensjahre entscheidend sind für das ganze Leben, weil sie so tief prägen, wie spätere Erlebnisse es kaum noch vermögen, dann rühren auch die Probleme erwachsener Frauen daher, wie es ihnen erging, als sie Töchter waren. Was feministische Forscherinnen in den letzten Jahrzehnten ans Tageslicht gebracht haben an Diskriminierungen und Verletzungen der Frau, gilt für junge Mädchen in verschärftem Maße, denn in den Jahren der Kindheit entscheidet sich, wie die Frau später mit ihrem Körper und ihren Gefühlen umgehen wird, wie ihr Selbstwertgefühl und ihr Bezug zur Wirklichkeit aussehen werden. Wenn es zutrifft, daß ein Mädchen im Grunde keine Identitätskonflikte zu kennen brauchte, weil es die weibliche Identität der Mutter nur zu übernehmen braucht, die spätere Frau sich aber in vieler Hinsicht als unsicher und beschädigt erlebt, dann muß in der Kindheit wiederholt worden sein, was sich in der Geschichte ereignet hat, die Gefangensetzung der Tochter im Patriarchat und damit ihre Reduzierung auf einen Gebrauchsgegenstand für den Mann. Niemand vermag genau zu sagen, wie der Übergang von den matrizentrischen[2] Kulturen des östlichen Mittelmeerraumes zum Patriarchat im einzelnen vor sich gegangen ist. Alle Angaben dazu müssen rekonstruiert werden und sind deshalb unvermeidlich von persönlichen Vorentscheidungen geprägt. An den Geschichten von den Töchtern der Bibel lassen sich einige Indizien dafür erkennen, welcher Art die Gefängniswände waren und sind, in die das Patriarchat die Töchter eingesperrt hat. Die Wahrnehmung solcher Wände setzt das Bild einer Tochter voraus, die von Geburt an teil hat an der umfassenden Kompetenz, die matrizentrische Kulturen im Weiblichen sahen.

Die Gefangensetzung der Tochter im Patriarchat gipfelt in der Aussperrung der Tochter aus der Religion, und damit beginnt zugleich die Züchtung einer auf den Vater, den Mann und schließlich einen männlichen Gott hin orientierten Frau. Die destruktive Wirkung dieser patriarchalen Überformung der weiblichen Seele wird in ihrem erschrekkenden Ausmaß bis heute nicht vollständig wahrgenommen, ganz abgesehen davon, daß die Unterbindung der heilenden und schöpferischen Fähigkeiten der Töchter die gesamte Kultur verarmen ließ und läßt.

Lots Töchter

Das Ende der sexuellen Freiheit

Die Epoche, aus der die biblischen Schriften stammen, ist zugleich die Epoche, in der sich das Patriarchat etabliert. Ein Datum kann für den Sieg des Patriarchats genannt werden: der Codex Hammurabi, eine Gesetzessammlung des babylonischen Herrschers, der um 1700 v.Chr. das zerfallende babylonische Reich reorganisierte. Hammurabi hat mit diesem Codex das Amt der Hohenpriesterin abgeschafft und damit die wichtigste Institution der frühen sumerischen und babylonischen Kultur. Mit der endgültigen Verdrängung der Frau aus dem Kult ist die Abwertung des Weiblichen auf allen Gebieten verbunden. In die gleiche Epoche, um 1800 v.Chr., datiert man die aramäische Wanderung, in deren Zusammenhang Abraham und Lot aus dem Zweistromland nach Kanaan einwanderten. So wundert es nicht, daß die ersten Töchter, die uns in der Bibel begegnen, bereits als das behandelt werden, was sie für lange Zeit bleiben sollten, Eigentum des Vaters, der mit ihnen machen konnte, was er wollte.

Lot bekam hohen Besuch; es waren die zwei »Männer«, die schon Abraham im Hain Mamre besucht hatten und Lot aus Sodom herausführen wollten, damit er und seine Familie als einzige Gerechte den Untergang der beiden Städte Sodom und Gomorrha in Feuer und Schwefel überleben sollten. Abends erschien eine lärmende Menge vor Lots Haus und verlangte, er solle seine Gäste herausgeben, man brauche noch Lustknaben für die Nacht. Lot, dem das Gastrecht heilig war, stellte sich vor seine Gäste, ging vor die Tür, um die Menge zu beschwichtigen. Er sagte: »Ich habe zwei Töchter, die noch kein Mann berührt hat. Ich will sie euch herausbringen; macht mit ihnen, was ihr wollt« (1. Mose 19,8). Bei aller Empörung über einen Vater, der seine Töchter einer heulenden Meute wie Fleischbrocken zuwirft, wirkt diese Szene doch fast »normal«: So eben ist das Schicksal von Töchtern, wie Väter es ihnen bereiten, Väter, die als ehrenwert gelten. Das Gastrecht wird von Lot, dem Gerechten, heilig gehalten, aber es gilt eben nur für Männer, wie der Vergleich mit einer ähnlichen Geschichte (Richter 19,22-29) zeigt. Das Gastrecht ist wichtiger als etwa das Heimatrecht der Töchter im Vaterhaus. Herr über dieses Gastrecht ist der Mann. Auch dies belegt die Entmachtung der Frau, die ursprünglich über Herd, Haus und damit auch darüber entschied, wer dort willkommen war und Schutz genoß. Doch das ganze Ausmaß der Entwürdigung der Tochter wird erst sichtbar, wenn man sich vor Augen hält, welche Rolle die Sexualität in der matrizentrischen Epoche spielte. Sie schrieb der Frau als Verkörperung der großen Göttin des Lebens alle sexuelle Magie zu, und Männer hatten ihr zu dienen. Der Kult feierte die Sexualität als heilige Teilhabe an der fortdauernden Schöpfung, als eine Kraftübertragung von Göttlichem auf Menschliches und von Menschlichem auf Außermenschliches, wobei die Frau als Priesterin zugleich Geberin der Lust und der »Schöpfungswonne« war.[3] Was damals im Tempel als Heiliges begangen wurde, wird in patriarchaler Epoche zum Akt auf der Gosse, bei dem die Frau Gewalt leidet. Ein Akt zur Befriedigung männlicher

Begierde, der mit Hingabe an das Heilige und mit numinoser Teilhabe an kosmischer Erneuerung nichts mehr zu tun hat.

Im Falle der Töchter Lots ging die Sache glimpflich ab. Sie kamen mit dem Leben davon, weil die Gäste Lots, die eigentlich Engel waren, ihren Gastgeber vor dem Angriff der Menge schützten, den Pöbel mit Blindheit schlugen und so auch den Töchtern Lots ersparten, was an anderer Stelle so beschrieben wird: »...und trieben ihren Mutwillen mit ihr die ganze Nacht hindurch bis zum Morgen. Erst als die Morgenröte heraufstieg, ließen sie sie los. Als der Morgen anbrach, kam das Weib zurück, fiel vor der Haustüre nieder bis zum hellen Tag. ... Er sprach zu ihr: Steh auf, wir wollen gehen. Aber niemand antwortete« (Richter 19,25-27).

Die Engel drängten Lot und dessen Familie aus der Stadt hinaus ins Gebirge, denn es regnete Feuer vom Himmel. Sie sollten sich nicht umwenden.»Lots Weib aber sah sich hinter ihm um und ward zur Salzsäule« (1. Mose 19,26). Nicht zurückzusehen, keine Rücksicht zu nehmen, keine Re-ligio (Rückbindung) zu haben, gilt nach patriarchalem Verständnis als die rechte, weil männliche und damit fortschrittliche Haltung. Lots Frau wird als warnendes Gegenbeispiel vor Augen geführt. Sie soll hier als Symbol dafür stehen, wie den Töchtern die Mutter genommen wird. Sie erstarrt im Feuersturm des Patriarchats zur Salzsäule und läßt ihre Töchter verwaist zurück. Die Abwesenheit der Mutter wird von nun an zum auffälligsten Merkmal aller Tochterschicksale unter der Herrschaft des Vaters. Es ist in Märchen, Mythen und in der Bibel so, als sei die Mutter nicht vorhanden, verstummt oder bewegungsunfähig. (Die Salzsäulen sind übrigens westlich vom Südufer des Toten Meeres bis heute zu besichtigen und können menschlichen Gestalten ähnlich sein. Sie haben zu einer Ätiologie angeregt.) Lot und seine Töchter fliehen ins Gebirge und finden Unterkunft in einer Höhle. Dort beschließen die beiden Töchter, was für heutige Ohren ungeheuerlich klingt: Da kein Mann mehr da sei, wollten sie bei ihrem Vater liegen, um Kinder zu bekommen. Sie machten ihn betrunken, damit er nichts davon merke (1. Mose 19, 31ff). Josephine Rijnaarts bezweifelt in ihrem Buch »Lots Töchter« die Wahrheit dieser Szene und hält sie für eine bewußte Umkehrung des sexuellen Mißbrauchs der Töchter durch ihren Vater. Es handele sich um eine typische Situation: die Mutter tot, der Vater mit den Töchtern allein. Darum sei eher zu vermuten, daß Lot ihnen Wein zu trinken gab, um sie willfährig zu machen, statt daß es sich so abgespielt haben könne, wie die Bibel schildert.[4] Da Josephine Rijnaarts über den Vater-Tochter-Inzest schreibt und deutlich machen will, wie lange er geleugnet oder die Schuld dafür den Töchtern gegeben wurde, ist ihr Einwand nur zu verständlich. Er zeigt aber auch, wie weit wir Frauen heute entfernt sind von der Verfügung über die Sexualität, wie sie in matrizentrischen Epochen für die Frau selbstverständlich war. Etwas von dieser ihrer Macht bricht bei den Töchtern Lots noch einmal durch: Sie verstehen sich als Priesterinnen des Lebens. Da die Welt untergegangen ist, liegt es an ihnen, die Schöpfung neu zu beginnen.

Aus heutiger Sicht ist es unerhört, den leiblichen Vater als Samenspender zu benutzen. Aber solche Verwandtschaftsverhältnisse waren in matrizentrischer Zeit nicht nur unbekannt, sondern auch irrelevant, weil es nicht um eine individuelle Beziehung, sondern um einen heiligen Ritus ging, in dem Göttin und Gottheit, nicht Frau und Mann, das große Spiel der Schöpfung spielten.

In der Bibel wird vorausgesetzt, daß dieses Tun der Töchter mißbilligt wird. Der Erzähler fügt hinzu, daß aus dieser Verbindung die Söhne Moab und Ben-Ammi hervorgingen, die Stammväter der Moabiter und der Ammoniter, mit denen die Israeliten verfeindet waren. Sie waren unrein. Unreinheit und Heidentum sind in biblischer Sprache fast gleichbedeutend mit dem Kult der Großen Göttin.

Diese Geschichte erzählen bedeutet im Sinne der Bibel bis heute, sich mit Grauen davon abzuwenden. »So etwas« tun Töchter selbstverständlich nicht. Töchter haben gar keine Sexualität, sie wissen gar nichts davon, so jedenfalls das bürgerlich-christliche Erziehungsideal. Mit der Aberkennung der weiblichen Sexualität und der Entmachtung der Mutter ist der Tochter die Wurzel ihrer Kompetenz abgeschnitten. Sie wird im unklaren gelassen über ihren Körper und über die weiblichen Mysterien des Blutes, erfährt nichts von der Magie ihres Wesens, und wo etwas davon sichtbar wird, wird es als schändlich bezeichnet. Von der Entsprechung zwischen dem weiblichen Zyklus und den kosmischen Rhythmen, wie sie für das Denken matrizentrischer Epochen selbstverständlich war, erfährt die Tochter nichts.[5] Indem ihr das Wissen über sich selbst vorenthalten, anderes als heidnisch oder als vom Übel abqualifiziert wird, wird um die Tochter eine Gefängniswand errichtet, hinter der die göttlichen Attribute der Mutter, die ihr zugedacht waren, verschwinden.

Rebekka, Lea und Rahel

Das Ende der Freiheit, den Partner zu wählen,
und die Fixierung auf männliche Nachkommen

Rebekka hat ihre Schwiegertöchter Lea und Rahel niemals kennengelernt, doch an der Art, wie ihre Ehen zustande kamen, läßt sich ablesen, wie damals wohl innerhalb weniger Generationen die Gebräuche anders wurden. Als Elieser, der Abgesandte Abrahams, der sich durch einen göttlichen Zufall zu Rebekka leiten ließ, um sie warb, damit sie Isaaks Frau werden sollte, verhandelte er mit Rebekkas Bruder Laban. Diese Zuständigkeit des Bruders, also eines Blutsverwandten, erinnert an die matrizentrischen Sippen, in denen nur die Männer aus der mütterlichen Linie Autorität ausübten, nicht aber die eingeheirateten Männer. Zudem wird auch Rebekka ausdrücklich gefragt, ob sie Elieser folgen und die Frau Isaaks werden will (1. Mose 24,57f). Ganz anders erging es Lea und Rahel, die Rebekkas Sohn Jakob heiraten sollten. Bei ihnen, oder doch zumindest bei Lea, entschied allein Laban, der leibliche Vater, darüber, wen und wann sie heirateten. Jakob hat Rahel geliebt und bekanntlich sieben Jahre für Laban gearbeitet, um sie heiraten zu dürfen. Doch als der Tag der Hochzeit kam, schob Laban ihm Lea unter. Lakonisch erklärte er: »Es ist hierzulande nicht Sitte, daß man die jüngere vor der älteren weggebe« (1. Mose 29,26). Über die Köpfe seiner beiden Töchter hinweg hat Laban Schicksal gespielt und beiden die Ehe verdorben, denn sie kämpften fortan gegeneinander, um sich der

Zuneigung Jakobs zu versichern. Ihr Liebeskampf, dem die Bibel zwei halbe Kapitel widmet (1. Mose 29,31–30,24), wirkt ebenso lächerlich wie peinlich. Er zeigt bereits, was bis heute als »normal« gilt, nämlich daß Frauen um die Gunst des Mannes konkurrieren und für nichts sonst mehr Sinn haben.

Wie wenig normal dies aber ist, wird wieder erst deutlich beim Rückblick auf die vorangegangene matrizentrische Epoche. Da gehörten Grund und Boden der weiblichen Sippe, woran auch eine Eheschließung nichts änderte. Der Ehepartner blieb in der Sippe seiner Frau eher ein Fremder. Selbstverständlich konnte die Frau ihren Partner wählen und auch wieder verstoßen. Er behielt in seiner Herkunftssippe das Heimatrecht. Die Ehe war also matrilokal, was bedeutet, daß die Frau in ihrer heimatlichen Sippe blieb. Im Patriarchat änderte sich auch dies. Da wurde die Frau – wie Rebekka – ins Haus ihres Mannes oder Schwiegervaters geführt und ihrer mütterlichen Familie entfremdet. Rebekka zum Beispiel hat Haran niemals wiedergesehen. Dem Mann zu gefallen wurde für sie zu einer Überlebensfrage. Während Elieser immerhin noch reiche Brautgeschenke mit sich führte, die er Rebekka und ihrer Sippe überreichte, hatten Lea und Rahel das Gefühl, von ihrem Vater verkauft worden zu sein: Sie sagten zu Jakob: »Haben wir noch Teil und Erbe in unsers Vaters Hause? Gelten wir ihm nicht als Fremde? Er hat uns ja verkauft und längst das Geld dafür verbraucht!« (1. Mose 31,14).

Die dem mütterlichen Clan entfremdete Frau mußte ihren Wert für den Mann dadurch erweisen, daß sie ihm Söhne gebar. Denn das war für viele Generationen der Hauptzweck der patriarchalen Ehe: Der Mann wollte legitime Erben von der Frau. Wenn sie keine Söhne bekam, konnte (und kann) er sie verstoßen, sie galt (und gilt) als von Gott gestraft. Rebekka, aus der mütterlichen Sippe mit einem reichen Fruchtbarkeitssegen entlassen: »Du unsere Schwester, werde zu viel tausendmal Tausenden...« (1. Mose 24,60), wurde in der Fremde unfruchtbar. Es bedurfte eines Gebets ihres Mannes zu dem Gott Abrahams, damit sie Zwillinge bekam (1. Mose 25,21). Während in matrizentrischer Epoche der Segen der Fruchtbarkeit eine Gabe der Göttin war, wurde er nun über den Mann von einem männlichen Gott verliehen. Während Töchter einst als Verjüngung der Mutter und damit als Garantinnen der Zukunft begrüßt wurden, galten (und gelten) sie in patriarchaler Zeit oft als überflüssige Esserinnen und werden nicht selten gleich nach der Geburt getötet. Die Tochter und spätere Frau wird durch diese Heirats- und Ehepolitik der Väter von Anfang an auf den Mann fixiert, auf ihren Ernährer und Beschützer in der Fremde und auf den Sohn als den Garanten ihres Wertes. Theologen freilich blieb es vorbehalten, dies für ebenso natürlich wie für eine Schöpfungsordnung anzusehen: »Ich will dir viel Beschwerden machen in deiner Schwangerschaft; mit Schmerzen sollst du Kinder gebären! Nach deinem Manne wirst du verlangen; er aber soll dein Herr sein« (1. Mose 3,16). Die Tochter als Eigentum ihres Vaters, das er verkaufen kann, und als späteres Eigentum des Ehemannes sowie als Gebärmaschine für seine Erben − das ist die zweite Gefängnismauer des Patriarchats.

Dina

Die rechtliche Entmündigung

Als Jakob mit seinen Frauen und Kindern Laban verlassen hatte und nach Süden gezogen war, zeltete er bei Sichem. Da ging seine einzige Tochter Dina aus, »um sich die Mädchen des Landes anzusehen« (1. Mose 34,1). Der Sohn des Fürsten von Sichem sah sie, schlief mit ihr und verliebte sich in sie. Anschließend bat er seinen Vater, bei Jakob um Dina zu werben, er wollte sie unbedingt heiraten. Er verhielt sich damit auch nach israelitischem Recht ganz korrekt: »Wenn jemand eine Jungfrau, die noch nicht verlobt ist, verführt und ihr beiwohnt, so soll er den Brautpreis für sie zahlen und sie zum Weibe nehmen« (2. Mose 22,16). Das sind Rechtsauffassungen einer patriarchalen Epoche. Die Meinung der Jungfrau selbst zu diesen Vorgängen interessierte nicht. Ihr Ruf und ihr Status aber hingen an der Einhaltung dieser Gesetze, sonst galt sie als entehrt.

Im Falle Dina kam es anders. Vater Jakob gab sich sehr zurückhaltend gegenüber der Werbung des Fürsten von Sichem und wartete, bis die Brüder Dinas nach Hause kamen. Als die davon erfuhren, nahmen sie auf furchtbare Weise Blutrache; sie richteten es so ein, daß sie gefahrlos alle Männer von Sichem, eingeschlossen selbstverständlich den Fürsten und dessen Sohn, töten konnten. Ihre Schwester nahmen sie wieder mit nach Hause (1. Mose 34,7ff). Vater Jakob, der in dieser Angelegenheit merkwürdig unentschieden wirkt, warf seinen Söhnen vor, sie hätten ihn unmöglich gemacht in dieser Gegend, womöglich werde er nun von den anderen umgebracht. Die Brüder Dinas darauf: »Soll er unsere Schwester wie eine Hure behandeln dürfen?« (1. Mose 34,31).

Was Dina zu dem ganzen Geschehen gemeint hat, wird nicht erwähnt. Es könnte immerhin sein, daß sie die Liebe des jungen Fürstensohnes erwiderte, auch wenn sie reichlich stürmisch begonnen hatte. Zunächst wirkt es wie eine vorpatriarchale Sitte, daß Vater Jakob sich in dieser Sache zurückhält und den Brüdern das Handeln überläßt – die Ehre der Schwester ist ihre Angelegenheit. Er distanziert sich sogar von der Überreaktion seiner Söhne. Die aber beharren auf ihrer – durchaus matrizentrisch empfundenen – Pflicht, für die Schändung ihrer Schwester Rache zu nehmen.

Die Geschichte zeigt eine alte und eine neue Rechtsordnung im Konflikt. Neu und patriarchal ist die Vorstellung, ein Mann könne sich jedes Mädchen nehmen, das er nur wolle, vorausgesetzt, er kann nachher dem Eigentümer des Mädchens den Brautpreis zahlen.

Matrizentrisch dagegen ist die Aktion der Brüder. Gerade sie aber zeigt auch, daß die alte Kultur zerbricht. Matrizentrische Lebensformen können nicht mehr verhindern, daß eine Frau einfach genommen wird, und die blutrünstige Überreaktion zeigt, daß die Brüder Dinas auf eigene Faust handeln und gerade nicht mehr eingebunden sind in eine matrizentrische Sippe, in der ältere Frauen ein gewichtiges Wort mitzureden hatten bei so gravierenden Themen. Eine mit so viel Wärme und Kooperationsbereitschaft verbundene Werbung jedenfalls, wie der Fürst von Sichem sie vorbringt, hätte in einem Frauenclan sicher eine andere Antwort erhalten als bei den zornigen Brüdern, die hier mehr an ihr eigenes Prestige als an die Interessen ihrer Schwester denken. Lea, ihre Mutter, jedenfalls tritt in dieser Angelegenheit nicht in Erscheinung.

Die matrizentrische Epoche hat keine kodifizierten Gesetze hinterlassen. Verfaßtes Recht tritt zugleich mit der Patriarchalisierung auf. In matrizentrischen Sippen bedurfte es keiner Paragraphen, weil Sitten und Bräuche in Verbindung mit enger Kommunikation das Zusammenleben viel wirkungsvoller regeln, als Gebote und Verbote sowie Strafandrohungen dies vermöchten. Gemessen an patriarchalen Rechtsauffassungen wirken die Ansichten von Frauen anarchisch, weil sie situationsbezogen und an harmonischen Beziehungen orientiert sind. Bei der Auflösung der matrizentrischen Sippen verlor die Tochter ihre Geborgenheit, bekam im Patriarchat aber keinerlei Rechte. Das Verhalten Vater Jakobs gegenüber Dina ist kennzeichnend; er tritt weder positiv für sie ein, noch identifiziert er sich mit der Aktion ihrer Brüder. Die Gleichgültigkeit ihrer Väter ist für Töchter oft noch schlimmer als irgendeine Reaktion. Sie wurden (und sind) einfach Nichtse, ihre Rechte oder Bedürfnisse haben die ausschließlich männlichen Gesetzgeber weder je beschäftigt noch einem Richter Nachdenken bereitet. Das Unrecht, das ihnen im Patriarchat immer wieder angetan wurde, insbesondere von ihren eigenen Vätern, fand weder Kläger noch Anwälte. Sie hatten (und haben) in der Öffentlichkeit keine Stimme, weil sie als Eigentum des Vaters gelten. Die Würde ihrer individuellen Persönlichkeit war (und ist) kein zu schützendes Gut. Bis in die Gegenwart ist es so, daß Kindesmißhandlung und sexueller Mißbrauch der Tochter darum fast aussichtslos zu ahnden sind, weil die

Dunkelziffer ungeheuer hoch ist. Niemand will sich in die »Privatangelegenheiten« anderer einmischen. Privat — das Wort kommt von privare = rauben — ist das, was einem Mann gehört.

Die dritte Wand, die das Patriarchat um die Tochter errichtet hat, ist ihre juristische und damit öffentliche Unsichtbarkeit.

Jephtas Tochter

Die religiöse Entmündigung

Sie war die einzige Tochter Jephtas und kannte seine Geschichte so gut, als sei es ihre eigene. Obwohl er in Tob der beliebte und erfolgreiche Anführer einer Schar von Kriegern war, konnte er seine Heimat Gilead nie vergessen und die Schmach, die seine Halbbrüder ihm angetan hatten. Sie hatten ihn vertrieben, weil sie, wie sie sagten, das Erbe des Vaters nicht mit dem »Sohn der Hure« teilen wollten. Dann kam der große Tag für Jephta: Die Ältesten von Gilead kamen zu ihm nach Tob und baten ihn um Hilfe, nein um Führung gegen ihre Feinde, die Ammoniter. Er hielt ihnen vor: »Ihr seid es doch, die mich aus Haß vertrieben haben aus meines Vaters Hause! Warum kommt ihr jetzt zu mir, da ihr in Not seid?« (Richter 11,7). Sie brauchten ihn dringend und versprachen ihm, wenn er sie vor den Ammonitern bewahre, solle er ihr Fürst sein und bleiben bis ans Lebensende. Aber vor dieser Wiederherstellung seiner Ehre stand für Jephta ein Kampf, in dem er siegen mußte, und diesen Sieg konnte ihm nur Jahwe geben. Dessen Beistand mußte er sich versichern, und so schwor er: »Wenn du die Ammoniter wirklich in meine Hand gibst, so soll, wer immer aus der Türe meines Hauses mir zuerst entgegenkommt, wenn ich wohlbehalten von den Ammonitern heimkehre, dem Herrn gehören; ich will ihn als Brandopfer darbringen« (Richter 11,30f).

Als er siegreich heimkehrte, kam seine Tochter ihm entgegen »mit Handpauken und im Reigentanz, um ihn zu begrüßen. Als er sie sah, zerriß er seine Kleider und sprach: Ach, meine Tochter, wie beugst du mich tief! Du bringst mich ins Unglück! Ich habe meinen Mund dem Herrn gegenüber aufgetan und kann nicht zurück. Sie aber sprach zu ihm: Mein Vater, hast du deinen Mund dem Herrn gegenüber aufgetan, so tue mir, wie du es ausgesprochen hast... Dann sprach sie zu ihrem Vater: Dies sei mir noch vergönnt: laß mir noch zwei Monate Zeit, daß ich hingehe auf die Berge und meine Jungfrauschaft beweine, ich und meine Gespielinnen; dann will ich wieder herabkommen. Er sprach: Gehe hin! und entließ sie für zwei Monate. Da ging sie hin mit ihren Gespielinnen und beweinte ihre Jungfrauschaft in den Bergen. Nach zwei Monaten kam sie wieder zu ihrem Vater, und er tat ihr, wie er gelobt hatte. Daher ward es Brauch in Israel: Jahr um Jahr gehen die Töchter Israels hin, die Tochter Jephtas, des Gileaditers, zu besingen, vier Tage im Jahr« (Richter 11,36-40).

Für jüdische und christliche Ohren ist es gleichermaßen ungeheuerlich, was hier berichtet wird. Wo war der Gott Israels, als Vater Jephta das Messer hob, um seine Tochter zu schächten und zu verbrennen? Als Abraham Isaak opfern wollte, sandte Gott einen Engel, um ihm in den Arm zu fallen und hieß ihn statt dessen einen Widder zu opfern. Jahwe, so sagen die Priester und Schriftgelehrten, will kein Menschenopfer. Schon früh haben jüdische Schriftgelehrte versucht, dieser Geschichte ihren Stachel zu nehmen. Sie haben erzählt, wie Jephtas Tochter selbst die Rabbinen aufsuchte und sie bat, das Gelübde des Vaters für ungültig zu erklären, aber ohne Erfolg, weil die Rabbinen blind waren. Der Hohepriester, der es auch besser hätte wissen müssen, war zu stolz, um Jephta aufzusuchen, und Jephta wieder zu hochmütig, den Rat des Priesters zu suchen.[6] – Diese Umerzählung der Geschichte läßt das Bemühen erkennen, Jahwe von der Schuld an diesem Opfer freizusprechen und sie auf die religiösen Autoritäten Israels zu verschieben, die es in dieser Form zur Zeit Jephtas selbstverständlich noch gar nicht gab. Daß eine unheilige Allianz von Männern, die blind und verbohrt oder stolz und hochmütig sind, den Tod eines Mädchens zur Folge hat, ist dagegen sehr typisch. Andere jüdische Ausleger haben den Opfertod abzuschwächen versucht und gemeint, Jephtas Tochter habe nur geloben müssen, für ihr ganzes Leben Jungfrau zu bleiben.[7]

Aber dafür gibt die Erzählung keinen Anhaltspunkt. – Der jüdische Schriftsteller Lion Feuchtwanger hat einen Roman geschrieben über »Jefta und seine Tochter«. Darin gibt er eine psychologische Rechtfertigung für die Tötung der Tochter: Sie wollte es selbst. Einmal aus Liebe zum Vater, zum anderen, weil sie sich in erster Linie als Künstlerin verstand und darum die Ehe fürchtete. »Ihr Höchstes und Liebstes war, auszusagen, was ihr durch die Brust ging... Sie selber war nichtig, aber wenn sie auf solche Art aussagte und sang, dann lebte und spürte sie etwas vom Wesen ihres Vaters. Wenn sie sich aber zu einem Mann auf die Matte legen wird, wenn sie mit ihrem Hauch und Leben die Lust eines Mannes nähren wird, dann, das weiß sie sicher, verliert sie ihre Gabe. Und jetzt schickt ihr Jahwe in seiner Gnade Erlösung aus dieser Angst. Er gewährt ihr, daß sie sich mit ihm, dem Gott, vereint, daß ihr Blut das Seine wird und ihm zur Stärkung dient.«[8] Die inzestuöse Liebe zwischen Vater und Tochter wird nach Feuchtwanger schließlich auch die innere Berechtigung für die Tötung: »Jefta sah das stille, von innen leuchtende Gesicht seiner Tochter, er sah, wie innig sie seine Nähe genoß, er erkannte, daß sie ihn nicht minder liebte, als er sie. In den Sinn sprang ihm ein Sprichwort, das er von dem alten Tola gehört hatte: ›Du kannst den Löwen nicht töten, wenn er dich nicht liebt.‹«[9] Feuchtwanger gibt in einem Nachwort zu seinem Roman zu verstehen, daß er die Größe Jephtas herausstellen wollte: »Diesen Mann also hatte ich gesichtet, groß und allein, und ich brachte es nicht mehr über mich, ihn zu verkleinern und zu verschatten.«[10] Diesen verschiedenen jüdischen Versuchen, die anstößige Tochteropferung zu verarbeiten, stehen keine vergleichbaren christlichen gegenüber. Erst feministische Theologinnen haben neben anderen vergessenen Frauengeschichten der Bibel auch Jephtas Tochter wieder in Erinnerung gerufen.

Die Erzählung von Jephtas Tochter zeigt nochmals deutlich den Übergang von der matrizentrischen zur patriarchalen Epoche. Opfer dieses Umbruchs ist zunächst Jephta selbst. Wenn seine Mutter »Hure« geschimpft wird, liegt die Vermutung nahe, daß sie eine heidnische Frau war, mit der sein Vater bei einem Kultfest einen Sohn zeugte. In einer matrizentrischen Sippe wäre es undenkbar gewesen, daß ein Blutsverwandter der Mutter verstoßen wurde. Die Söhne Gileads aber dachten schon patriarchal. Jephta mit seiner unsicheren Identität will sich nun erst recht des Gottes seines Vaters versichern, er braucht ihn für den Krieg. Wie unsicher er sich aber in der Rolle des Priesters fühlt, zeigt Jephta bei seinem Gelübde. Er überläßt den Opfergegenstand dem Zufall oder einem Gottesorakel. »Was mir zu Hause als erstes entgegenkommt« − das ist eine Wendung, die auch in Märchen oft vorkommt, in denen Väter ähnlich wie Jephta in Not sind und dem Teufel oder einem wilden Tier ein gleichlautendes Versprechen geben. Was ihm dann zuerst entgegenkommt, ist immer die liebste oder die jüngste oder die einzige Tochter, die der Vater bei vollem Bewußtsein niemals preisgegeben hätte. Er offenbart eine Unsicherheit im Gefühl, eine Unsicherheit in der Beziehung auch zu sich selbst. Denn was ihm zu Hause als erstes entgegenkommt, das ist ihm am nächsten, das liebt er am meisten – doch er weiß nicht einmal, wen er am meisten liebt, macht sich das selbst nie bewußt. Wenn ihm dann endlich die Augen aufgehen, ist es zu spät. Diese eigentümliche Wahl des Opfers macht auch das Religionsverständnis Jephtas deutlich, das typisch ist für viele Männer: Der Sieg über seine Feinde ist offensichtlich ein Raub, für den an anderer Stelle ein Äquivalent zu zahlen ist. Etwas vom Eigenen muß weggegeben werden. So sagte es Schiller im »Ring des Polykrates«: »Mir grauet vor der Götter Neide, des Lebens ungemischte Freude ward keinem Irdischen zuteil.« Mit dem Opfer muß also eine Schuld beglichen, ein Verzicht geleistet werden, um nachträglich ein Gleichgewicht wiederherzustellen, das – etwa durch einen Sieg – willkürlich zerstört wurde. Religion als Triebverzicht und damit als Verarmung durch Weggeben von eigenem ist ein Opferverständnis, wie Jephta es hier vorführt.

Das matrizentrische Religionsverständnis ist mit großer Wahrscheinlichkeit ganz anders gewesen, und etwas davon läßt sich an der Tochter Jephtas noch ablesen. Ohne ihre Kleider zu zerreißen und ohne zu zögern stimmt sie dem Vater zu, daß er sie gebrauchen kann, sein Gelübde zu erfüllen. Aber während er in seiner Priesterrolle unsicher ist, ist sie – schließlich war ihre Großmutter keine Israelitin – noch ganz sicher in ihrem kultischen Gebaren. Sie bestimmt die Zeit für ihren Tod, sie kennt die Riten, die vorher zu vollziehen sind. Sie wird zur eigentlichen Priesterin dieses Vorgangs, selbst wenn sie zugleich die Geopferte ist. Doch Opfer bedeutet für sie nicht, etwas Eigenes wegzugeben, sondern in ihr Eigenes zu kommen. Nur ist ihr Eigenes selbstverständlich nicht identisch mit dem Jahwe, dem ihr Vater sein Kriegsglück verdankt, sondern mit der göttlichen Jungfrau, der sie sich zwei Monate lang in den Bergen widmet. Nach patriarchalem Verständnis bedeutet das Beweinen der Jungfrauschaft selbstverständlich, Jephtas Tochter habe darum geweint, daß sie wegen ihres frühen Todes keinen Mann heiraten und keine Kinder gebären konnte. Doch ist es nicht wahrscheinlich, daß ihr Rückzug in die Berge dann die Legende eines Frauenkultes wäre, der an vier Tagen im Jahr immer wieder stattfand. Sehr viel wahrscheinlicher ist, daß es sich um einen weiblichen Initiationsritus handelte, eine Einweihung in die Blutmysterien, die während der Pubertätszeit üblich waren. Dafür spricht, daß Jephtas Tochter ihre Gespielinnen mitnahm. »Die Jungfrauschaft beweinen« könnte dann bedeuten, daß die Mädchen das Ende der Kindheit betrauern und den Eintritt ins Leben der reifen Frau, die im Dienst der Göttin stand. Vielfach war es üblich, daß geschlechtsreife Mädchen zunächst für einige Zeit im Tempel der Göttin ihr als Hierodule dienten, und zumindest taten sie das bei hohen Festen.[11]

Beim Gang der Tochter Jephtas in die Berge handelt es sich jedenfalls nicht um einen original jüdischen Brauch, sondern sicher um ein altes kanaanäisches Frauenritual, das nach der Einwanderung der Israeliten noch einige Zeit lebendig geblieben ist. Indem die Töchter sich der Göttin hingaben, gaben sie nichts von sich fort, sondern weihten sich vielmehr der weiblichen Potenz der Erneuerung des Lebens durch das Sterben hindurch. Doch ebenso wie dieser Initiationsritus für Töchter gerieten auch andere Frauenkulte in Vergessenheit und mit ihnen die kultische Kompetenz der Töchter und Frauen.

Nach der Erzählung des Richterbuches drückt Jephtas Tochter aber nun selbst ihrem Vater das Messer des Opferpriesters in die Hand. Er meint, er schlachte sie: für Jahwe. Doch wenn zwei dasselbe tun, ist es nicht dasselbe. Von der Opferung Iphigenies durch ihren Vater Agamemnon – auch dabei ging es um das Kriegsglück – erzählt eine Variante des Mythos, daß die Göttin Artemis Iphigenie in eine Hirschkuh verwandelte, sie selbst aber entrückte und zu ihrer Priesterin machte.

Womöglich opferte Jephtas Tochter sich für eine Göttin statt für Jahwe, gab sie ihr Blut zur Stärkung einer Göttin des Lebens statt für einen Herrn des Krieges. Was wie Masochismus aussieht, war auf einer tiefen Ebene womöglich etwas völlig anderes. Das befreit Vater Jephta nicht von seiner moralischen Schuld, der das Messer hob, um ein absurdes Gelübde zu erfüllen, und sich dadurch seiner einzigen Tochter beraubte.

Das Patriarchat hat die weiblichen Kulte unterdrückt, konnte aber die religiöse Kompetenz der Töchter nicht völlig ausrotten. Die Opferung der Tochter Jephtas und ihr Hergang zeigen vielmehr beispielhaft, daß sich hier zwei Religionen und damit zwei Sprachen, zwei Bedeutungsebenen trennen. Was patriarchale Väter tun, ist das eine, wie Töchter diesen Vorgang erleben und deuten, etwas anderes. Nur gibt es keine Kommunikation mehr zwischen beiden. Was die Töchter des Patriarchats beweinen, wenn sie sich in ihre

Berge zurückziehen, wissen und verstehen die Väter nicht. Von dem, was ihren Töchtern heilig ist, wissen Männer in der Regel nichts, bis heute.

Äußerlich gesehen, hat sich in der patriarchalen Epoche ein männlicher Religionstyp durchgesetzt, mit männlichen Göttern, männlichen Priestern, männlichen Mythen und männlichen Werten. Die Töchter und Frauen wurden dadurch nicht nur aus dem Kult verdrängt, sondern entwertet. Die christliche Tradition hat der Frau sogar nachgesagt, durch sie, die Tochter Evas, komme alles Übel in die Welt. Dies ist die tiefste Verletzung, die das Patriarchat den Töchtern zugefügt hat, denn es geht da um die religiöse und das heißt die original weibliche Identität der Tochter und Frau, um ihre heilige Aufgabe der Erhaltung und Erneuerung des Lebens.

Zusammenfassung

Vier Wände hat das Patriarchat um die Tochter aufgerichtet:
Ihr wurde ihre sexuelle Freiheit und Kompetenz genommen,
ihr wurde die Freiheit der Partnerwahl genommen, dafür
wurde sie zur Gebärmaschine für legitime Erben bestimmt,
sie wurde rechtlich entmündigt, indem sie zum bloßen Eigentum des Vaters oder Eheherrn wurde, und sie wurde ihrer priesterlichen Würde beraubt. Das Gefängnis war nun
geschlossen. Doch die noch weitaus schlimmere Entfrem-
dung der Tochter von ihrem mütterlich-weiblichen Urgrund
stand erst noch bevor, als das Patriarchat begann, gleichsam
in die Seele der gefangenen Tochter hineinzuwachsen und
sie von innen her zu beherrschen. Wie das vor sich ging, dafür sollen die folgenden Geschichten von Töchtern der Bibel
als Beispiel dienen.

Zweiter Teil

Die patriarchale Fixierung der Tochter

Frauen haben in den vergangenen Jahrzehnten nach den Göttinnen der Frühzeit, nach ihren Bildern und Kulten und nach den matrizentrischen Kulturen geforscht, wie Archäologie und Ethnologie sowie Religionswissenschaft das ermöglichen. Dabei ist, von Kritikern bezweifelt, ein Idealbild der matrizentrischen Epoche gezeichnet worden als einer Zeit ohne Privateigentum, ohne Kriege und Ungerechtigkeit, eine Zeit der Gleichheit unter den Geschlechtern, denn matrizentrische Sippen waren keineswegs die Umkehrung zu patriarchalen Strukturen. Ob es diese paradiesischen Epochen so gegeben hat, ist schwer zu sagen, vor allem, weil es schriftliche Quellen aus jener Zeit nicht gibt.

Sooft die Bilder jener matrizentrischen Vergangenheit beschworen werden, erhebt sich die Frage, wie es denn geschehen konnte, daß sie vom Patriarchat abgelöst wurde. Carola Meier-Seethaler stellt die gut belegte These auf, daß es durch Mord, Raub, Vergewaltigung und Lüge geschah, also mit Gewalt.[12] Aber das Echo auf diese Gewalt ist sogar in den Frauen für Generationen verhallt, denn mit Scham und Entsetzen sehen Frauen, wie oft sie in Vergangenheit und Gegenwart patriarchale Gewalttaten selbst guthießen, wie heftig sie ihre Väter und Männer und Söhne liebten und lieben, was immer sie anrichteten, und wie stark sie schließlich selbst ihren Eigenwert an männlichen Maßstäben messen. Christa Mulack konstatiert eine Fixierung auf den Mann, die bis in feinste Nuancen der Wahrnehmung und des Wertens hineinreicht.[13] Diese Höherwertung des Männlichen gerade auch durch die Frauen gipfelt in der Vorstellung von einem männlichen Gott, einem männlichen Erlöser, auf den sich auch weibliches Sehnen und Hoffen mit äußerster Inbrunst richtet.

Zur Aufhellung dieses Phänomens soll versucht werden, am Beispiel von vier Töchtern der Bibel zu zeigen, wie die Erlebnisse mit Männern, ihre Leidenserfahrungen im Patriarchat dazu geführt haben, daß sie »wie Männer« dachten und handelten und zugleich männliche Idealgestalten verinnerlichten, von denen sie sich Rettung und Hilfe versprochen haben, wenn auch vergeblich.

Königstochter Michal

Im Turm des Vaters eingesperrt

König Saul fürchtete den jungen Helden David, den alle liebten und dem alles gelang. Er sah in ihm einen Rivalen, der ihm den Thron streitig machen könnte. Der Speer, den er nach ihm warf und der David an die Wand spießen sollte, traf ihn nicht. Da verfiel Saul auf die Methode, die man inzwischen »hochloben« nennt, er beförderte David zum Offizier und hoffte, er werde in einer Schlacht fallen. Aber immer kehrte David als Sieger heim. Saul graute schon vor ihm. Aber da er David nicht loswerden konnte, mußte er ihn weiterhin an sich binden. So versprach er ihm seine Tochter zur Frau, nur solle David weiterhin das Heer gegen die Philister führen, und dachte bei sich: »Meine Hand soll nicht an ihn kommen; an ihn komme die Hand der Philister« (1. Samuel 18,17). Als er dann noch erfuhr, daß David seine zweitgeborene Tochter Michal liebe, war er sehr zufrieden. »Ich will sie ihm geben, daß sie ihm zum Fallstrick werde und die Hand der Philister an ihn komme« (1. Samuel 18,21). David mußte trotzdem erst überredet werden, die Ehre anzunehmen. Aber König Saul ließ ihm sagen, er verlange keinen anderen Brautpreis als hundert Vorhäute von Philistern, und war überzeugt, David werde umkommen bei dem Unternehmen. Aber David erschlug zweihundert Philister und legte ihm die Vorhäute vor. So blieb Saul nichts übrig, als ihm seine Tochter Michal zu geben, in der Hoffnung, bei einem der nächsten Feldzüge gegen die Philister werde es David doch noch treffen.

David aber siegte weiter, und Sauls Haß nahm noch zu, er sandte eines Nachts Meuchelmörder aus, um den Feind im eigenen Haus endlich umzubringen. Michal aber war gewarnt, sie verhalf David zur Flucht und legte eine Götterstatue auf sein Lager, damit die Diener Sauls es nicht gleich merkten, daß er fort war, und David einen Vorsprung bekam. Als David entflohen war, stellte der Vater Michal zur Rede: »Warum hast du mich so betrogen und meinen Feind laufen lassen, daß er entrinnen konnte? Michal erwiderte Saul: Er sprach zu mir: Laß mich gehen, oder ich töte dich« (1. Samuel 19, 17). David kehrte niemals an den Hof Sauls zurück, sondern wurde ein Flüchtling und schließlich Anführer eines eigenen Heeres, mit dem er dann auch seine eigene Königstadt Jerusalem eroberte. Während dieser Zeit nahm er sich auch einige Frauen. Saul verheiratete Michal unterdessen mit einem anderen Mann, wahrscheinlich, um sie aus seiner Nähe zu entfernen und auch um David zu treffen. Als Saul tot war und David Waffenstillstandsverhandlungen führte, verlangte er Michal zurück. Sie wurde geholt, ihrem Mann Paltiel weggenommen und David überstellt (2. Samuel 3,12-16). Als König David die Bundeslade nach Jerusalem holte, das alte Heiligtum der Israeliten, tanzte er »mit aller Macht« vor der Lade her und war dabei offensichtlich nur sehr unzureichend bekleidet. Als er heimkam, empfing ihn Michal mit königlicher Herablassung: »Wie würdig hat sich heute der König Israels benommen, da er sich heute vor den Mägden seiner Knechte entblößt hat, wie nur gemeine Leute sich entblößen!« (2. Samuel 6,20). Doch David ließ sich von der Tochter Sauls nicht demütigen, sondern trumpfte auf: »Vor dem Herrn will ich tanzen und mich noch mehr erniedrigen als diesmal und vor dir mich noch verächtlicher machen; aber bei den Mägden, von denen du redest, bei denen will ich mich zu Ehren bringen!« (2. Samuel 6,22). Der letzte Satz über Michal lautet schließlich: »Michal aber, die Tochter Sauls, blieb kinderlos bis an den Tag ihres Todes« (2. Samuel 6,23).

Königstöchter haben im Patriarchat, bei Michal angefangen, fast immer die traurigsten Schicksale gehabt, weil die Ideologien einer Epoche die Töchter der Oberschichten immer am härtesten getroffen haben und treffen. Ihre Schönheit, genaugenommen ihr Körper und ihre Gebärfähigkeit, wurde zum Mittel der Politik, um damit, wie in diesem Fall, einen Rivalen zu gängeln oder um frühere Gegner zu binden. Dabei hatte Michal am Anfang noch großes Glück, weil David sie liebte und sie ihn offenbar auch, wie ihr Verhalten bei dem Anschlag Sauls auf ihn vermuten läßt. Sie verbarg ihn und log für ihn gegenüber ihrem Vater. Aber gerade diese Liebe wurde dann auch ihr Verhängnis, weil sie durch des Vaters Politik ihren Mann recht bald verlor. Saul ist ihr darüber zum Feind geworden, und zugleich konnte sie das Haus ihres Vaters nicht verlassen. Es ging ihr wie so vielen Märchenprinzessinnen, die von ihrem Vater in einen Turm gesperrt werden, damit ihr Liebster und sie nicht zusammenkommen können. Als David sie nach Jahren holte, war es für die Liebe wohl zu spät, jedenfalls ging es David offensichtlich um seinen Besitz, nicht um diese Frau; um die Tochter Sauls, nicht um Michal. Er erinnert daran, um wie viele Philistervorhäute er sie einst erworben hatte.

In der letzten Szene dieses Eheromans wird dann deutlich, was aus Michal inzwischen geworden ist: eine humorlose

Frau, der nichts als ihr Stolz geblieben ist. David erscheint ihr nun als der Hirtenjunge, der er schließlich anfangs war, ungehobelt und gewöhnlich. Ihre Liebe hat sich in Verachtung gewandelt. Tiefenpsychologisch betrachtet, ist Vater Saul nun gleichsam in seine Tochter Michal hineingewandert. Der Turm, den er außen um sie errichtet hatte, ist zu einer inneren Instanz Michals geworden. Ihre Liebesfähigkeit, ihre Fruchtbarkeit sind darin verkümmert. Sie hat niemals Kinder bekommen. Was von der Tochter Sauls übriggeblieben ist, ist nur noch eine äußere Fassade, von innen ist sie ausgehöhlt durch den Vater, der von ihr auch innen Besitz ergriffen hat. In dem Dialog zwischen Michal und David scheinen sich noch einmal Saul und David gegenüberzustehen, Saul, der David seine Erfolge und seine Beliebtheit beim Volk neidet und darum einen Speer nach ihm schleudert, und David, der unbekümmert und mit der Arroganz des Glücklichen keinen Sinn hat für die Ängste des alten Königs.

Das Patriarchat hat in die Tochter einen negativen Animus eingepflanzt, bei Michal einen von der Art Sauls, hart und abweisend wie ein Turm. Wo bei der Tochter einmal die Freiheit war, sich mit der Göttin zu identifizieren und mit den reichen Gaben der Liebe zu beschenken, wen immer sie wollte, ist nun nur noch kühle Verachtung übrig für einen schamlosen Mann, Ekel vor seiner öffentlich gezeigten Blöße. Was sich aber dahinter verbirgt, tief verborgen unter der Scham, ist eine Tochter, deren innige Liebe zu dem schönen jungen Helden David dem Spiel der Männer um die Macht zum Opfer gefallen ist, eine unglückliche Frau.

Thamar

Die Scham des geschändeten Sexobjekts

Amnon, der Erstgeborene Davids, verliebte sich in Thamar, die Schwester Absaloms und seine Halbschwester, auch sie Tochter Davids.

»Und Amnon grämte sich ganz krank um seiner Schwester Thamar willen; sie war nämlich eine Jungfrau, und es schien Amnon unmöglich, ihr etwas anzutun« (2. Samuel 13,2). Amnons Freund Jonadab, ein »kluger Mann«, wußte aber Rat: »Lege dich ins Bett und stelle dich krank. Wenn dann dein Vater kommt, dich zu besuchen, so sprich zu ihm: Laß doch meine Schwester Thamar zu mir kommen, daß sie vor meinen Augen zwei Herzkuchen backe, dann will ich von ihr zu essen nehmen« (2. Samuel 13,5.6). Gesagt, getan. David erschien am Lager seines Sohnes, übermittelte dessen Bitte an seine Tochter Thamar, und Amnon brauchte nur noch alle seine Diener hinauszuschicken, sein »Krankenlager« zu verlassen und über Thamar herzufallen. Vergebens versuchte Thamar, ihn zur Vernunft zu bringen: »Nicht doch, mein Bruder, entehre mich nicht; so etwas tut man nicht in Israel. Begeh nicht eine solche Schandtat! Wo sollte ich denn mit meiner Schmach hin? Und du selbst würdest als ein Verworfener gelten in Israel.« Aber alle ihre Vorhaltungen konnten Amnons Leidenschaft nicht bremsen. In ihrer Not schlug Thamar ihm vor: »Nun aber, rede doch mit dem König; er wird mich dir nicht versagen« (2. Samuel 13,12f). Doch es half ihr alles nichts, »er wollte nicht auf sie hören, sondern überwältigte sie und entehrte sie und legte sich zu ihr. Dann aber faßte Amnon einen tiefen Widerwillen gegen sie, so daß sein Widerwille größer war als seine Liebe, die er zu ihr gehabt hatte. Und Amnon sprach zu ihr: Mach, daß du fortkommst« (2. Samuel 13,14ff). Thamar hatte nun erneut Anlaß, Amnon flehentlich zu bitten: »Nicht doch, Bruder! Denn mich fortzujagen, das wäre noch ein größeres Unrecht als das andere, das du mir angetan hast. Aber er wollte nicht auf sie hören, sondern rief seinen Burschen, der ihn bediente, und sprach zu ihm: Jage mir doch diese da hinaus und verriegle die Tür hinter ihr« (2. Samuel 13,16f).

»Sie trug aber ein Ärmelkleid, denn so kleideten sich von alters her die Königstöchter, solange sie Jungfrauen waren. Als nun Amnons Diener sie hinausjagte und die Tür hinter ihr verriegelt hatte, streute Thamar Asche auf ihr Haupt, zerriß das Ärmelkleid, das sie anhatte, und ging laut schreiend davon. Da sprach ihr Bruder Absalom zu ihr: Ist dein Bruder Amnon bei dir gewesen? Nun denn, meine Schwester, schweige still, er ist dein Bruder; nimm dir die Sache nicht zu Herzen. So blieb Thamar einsam im Hause ihres Bruders Absalom« (2. Samuel 13, 18ff). Es ist das Letzte, was über Thamar berichtet wird, daß sie einsam im Hause ihres Bruders Absalom blieb, und das, obwohl Absaloms Schicksal in den folgenden Jahren von ihrem Leid bestimmt wurde: König David hörte von Amnons Untat, war sehr zornig, wagte es aber nicht, ihn zur Rede zu stellen, weil er es sich mit seinem Erstgeborenen nicht verderben wollte. Nach Thamar fragte er nicht. Absalom dagegen sann auf Rache. Zwei Jahre lang wartete er auf eine günstige Gelegenheit, bis er bei einem Festgelage seinen Halbbruder Amnon töten lassen konnte. Er mußte anschließend sofort in die Heimat seiner Mutter fliehen. Als Davids Zorn über den Mord an seinem Erstgeborenen abgeklungen war und Absalom nach Jerusalem zurückkehren konnte, setzte er sich an die Spitze eines Putsches gegen David, bei dem er schließlich selbst umkam.

Das Erstaunlichste an dieser Geschichte ist nicht einmal der Inzest und die Vergewaltigung, das Erstaunlichste ist, daß Thamar nicht auch noch die Schuld daran gegeben wird, denn bis vor gar nicht langer Zeit galt immer die Frau als Verführerin des Mannes, selbst wenn es sich um achtjährige Mädchen handelte. Wenn sie davon erzählten, verdächtigte man sie, daß sie entweder geträumt hätten oder logen. Erstaunlich ist außerdem, daß der biblische Erzähler ein weiteres Moment der Verdrängung beiseite wischt, die These, »so etwas« komme nur bei ungebildeten und moralisch ohnehin tiefstehenden Unterschichtmännern vor. Vielmehr schildert die Erzählung sehr realistisch, daß List und Gewalt, männliche Kumpanei und Feigheit, Begierde nach der Frau und Haß auf sie in den sogenannten besten Familien vorkommen. Für Amnon und Jonadab ist Thamar nichts anderes als ein Sexobjekt, ein Jagdwild, das zur Strecke gebracht werden soll. Ist die Beute erlegt, verliert sie sofort an Wert. Wie bei Vater Jakob bereits zu beobachten war, fühlt sich auch Vater David für die Schändung seiner Tochter offenbar nicht zuständig, überläßt das dem Bruder. An Absaloms Geschichte wird deutlich, wie die aus matrizentrischer Sitte überkommene Pflicht, die Schwester zu verteidigen oder doch zumindest zu rächen, ihn in tödlichen Konflikt bringt mit dem König und Vater, also mit der neuen patriarchalen Ordnung.

50

Absalom und Thamar erinnern in ihrem Zusammenhalt an die alte Ordnung, die aber im Schwinden ist. Der biblische Erzähler rühmt die Schönheit Absaloms: »In ganz Israel aber war kein Mann um seiner Schönheit willen so zu preisen wie Absalom: von der Fußsohle bis zum Scheitel war kein Fehl an ihm. Und wenn er sein Haupt scheren ließ – das geschah aber zu Ende jedes Jahres, weil es ihm zu schwer wurde –, so wog sein Haupthaar zweihundert Lot nach königlichem Gewicht. Dem Absalom wurden drei Söhne geboren und eine Tochter mit Namen Thamar; die ward ein Weib von schöner Gestalt« (2. Samuel 14,25-27). Er hat demnach seiner Tochter den Namen seiner schönen Schwester gegeben.

Doch Schönheit wurde für die Töchter zum Fluch. Da sie die Freiheit der Partnerwahl verloren hatten, der Vater über sie bestimmte oder ein Anverwandter die günstige Gelegenheit nutzte, wurden sie degradiert zu einem Stück Fleisch ohne Seele und Persönlichkeit. Und die Entwürdigung der Vergewaltigung, die Schändung und noch dazu Verstoßung – sie wuchsen in die Seele der Frau hinein wie eine Aschenschicht. Thamar streute sich Asche aufs Haupt, zerriß ihr königliches Gewand, zog sich zurück in Trauer und Einsamkeit, verbarg sich vor den Blicken der Öffentlichkeit, wurde unsichtbar und unbekannt. Wer so beschämt wurde wie sie, kann nur noch wünschen, in den Erdboden zu versinken, damit kein Auge sie mehr trifft. Sie wird schweigen, weil jedes weitere Wort, selbst die Anklage gegenüber Amnon, ihre eigene Entwürdigung bekanntmachte. Eine junge Frau, dazu geboren, mit königlicher Freiheit ihre Gunst zu verschenken und sich den zum Liebhaber zu wählen, der ihr gefällt, wird im Patriarchat nicht nur zum Sexobjekt, das geschändet und weggeworfen wird, sondern verinnerlicht zudem die Entwertung als ein Urteil über sich selbst. So wie ihr Äußeres ist auch ihr Inneres mit Asche bestreut und zerrissen.

In dem Märchen »Allerleirauh« entzieht sich die Königstochter den Nachstellungen ihres Vaters, der sie zu seiner Frau machen will, indem sie sich in Tierfelle kleidet, Gesicht und Hände mit Ruß schwärzt; sie macht sich ähnlich unkenntlich und unansehnlich wie Thamar.

Esther

Die Hörigkeit der erfolgreichen Vatertochter

Esther gilt bis heute als eine der größten Heldinnen des jüdischen Volkes, obwohl sie zum Harem eines heidnischen Königs gehörte. Sie war ein Waisenkind und wurde von Mordochai aufgenommen, der eigentlich ihr Vetter war, für sie aber zum Pflegevater wurde. Die Geschichte spielt während des jüdischen Exils in Babel. König Ahasveros hatte seine Königin verstoßen, weil sie ihm nicht gehorcht hatte, und die Höflinge ließen es sich nun angelegen sein, den König zu erfreuen durch den Vorschlag, sich unter den schönen Mädchen seines Reiches eine neue Frau zu suchen. Das ging so vor sich, daß junge Mädchen in den Harem gebracht und zunächst ein Jahr lang gepflegt und unterrichtet wurden, bis jede für eine Nacht zum König geführt wurde. Mordochai brachte seine Pflegetochter Esther, die besonders schön war, mit in den Palast, um für den Harem des Königs präpariert zu werden. Der Bericht gibt jedenfalls keinen Anhaltspunkt dafür, daß er dazu gezwungen worden wäre. Er schärfte seinem Mündel aber ein, seine jüdische Herkunft nicht bekannt werden zu lassen. Immer wieder betont die Erzählung, daß Esther alles genau so tat, wie Mordochai es ihr befahl: »... denn Esther befolgte die Weisung Mordochais wie zu der Zeit, da sie noch bei ihm in Pflege war« (Esther 2,20). Offensichtlich war sie nicht nur schön, sondern hatte auch Charme, jedenfalls wählte der König sie unter allen Mädchen zu seiner neuen Gemahlin. Mordochai hatte bei Hofe einen Feind, Haman, den der König zu seinem Siegelbewahrer erhoben hatte. Und Haman, dem der Jude Mordochai ebenfalls ein Dorn im Auge war, beschloß ein Pogrom gegen alle Juden des Reiches. Nun beauftragte Mordochai seine Pflegetochter, diese politische Entscheidung aufzuhalten, indem sie sich dem König offenbarte. Das war leichter gesagt als getan, denn niemand durfte sich dem König ungerufen nähern, darauf stand der Tod.

Doch als Esther Mordochai das zu bedenken gab, ließ er ihr in schroffem Ton sagen: »Denke nicht, daß du allein von allen Juden Rettung finden werdest, weil du am Königshofe bist. Denn wenn du auch wirklich in solcher Zeit stilleschweigen solltest, so wird den Juden Befreiung und Errettung von einer anderen Seite her erstehen; du aber und deine Familie werden umkommen. Und wer weiß, ob du nicht gerade um einer solchen Gelegenheit willen zum Königtum gelangt bist?« (Esther 4,14). Darauf fastete Esther drei Tage lang, schmückte sich und wagte es dann, sich im Tor des königlichen Palastes zu zeigen. Ihrer Schönheit gelang es erneut, die Gunst des Königs zu wecken, und sie konnte ihm den Wunsch vortragen, daß er und Haman bei ihr speisen sollten. Haman freute sich über die Auszeichnung und ließ für Mordochai schon einmal einen Galgen errichten, um den Feind endgültig loszuwerden.

Aber Esther eröffnete bei jenem Mahl dem König ihre jüdische Herkunft und die Bedrohung durch Haman. Haman zitterte um sein Leben und warf sich Esther zu Füßen. Als der König das sah, glaubte er, Haman sei Esther zu nahegetreten und ließ ihn gleich an dem Galgen aufhängen, den Haman schon für Mordochai vorbereitet hatte.

Mordochai aber bekam nun königliche Vollmachten, konnte das Pogrom rückgängig machen und Rache anordnen gegenüber allen Feinden der Juden im ganzen Reich, insbesondere gegenüber der Familie Hamans. »Als an jenem Tage die Zahl der in der Burg Susa Getöteten dem König gemeldet wurde, sprach er zu der Königin Esther: In der Burg Susa haben die Juden fünfhundert Mann getötet und niedergemacht, dazu die zehn Söhne Hamans; was mögen sie in den übrigen königlichen Provinzen angerichtet haben? Doch was ist deine Bitte? Sie sei gewährt! Was ist noch weiter dein Begehr? Es soll erfüllt werden! Esther sprach: Gefällt es dem König, so möge den Juden in Susa auch morgen gestattet sein, nach der Verordnung, die heute galt, zu handeln (nämlich zu rauben und zu morden), und die zehn Söhne Hamans möge man an den Pfahl hängen« (Esther 9,11ff).

Die Rolle Esthers ist für die Juden das heitere Gegenstück zu der in vielen Jahrhunderten ganz anders verlaufenen Geschichte, in der die Hamans siegten und das Gut der Juden geraubt wurde. Doch mir geht es hier um die Art der Heldin Esther und wie sie zu dem wurde, was sie dann vollbrachte. Es ist offensichtlich und wird auch mehrfach betont, daß sie in allem, was sie tat, den Befehlen Mordochais gehorchte, und als sie auch nur einmal widersprach, wurde er sehr scharf. Ein Geheimdienst hätte Esther kaum auf geschicktere Art in den Königshof einschleusen können. Mordochai scheint sehr genau geplant zu haben, daß sie für seine politischen Zwecke noch von Nutzen sein würde. Esther wäre nicht die einzige Tochter, die unter dem Einfluß ihres Vaters steht, der ihr geistig überlegen ist, von dem sie fasziniert ist, der sie formt wie Pygmalion sein Geschöpf und sie alles lehrt, was eine Frau braucht, um in der Welt der Männer Erfolg zu haben. Der Preis ist allerdings hoch; Mordochai mutet ihr eiskalt zu, eine der Haremsfrauen des heidnischen Königs, also nicht viel anderes als eine Prostituierte zu werden, er mutet ihr später zu, ihr Leben zu riskieren, und benutzt sie als Trittbrett für seine eigene Karriere. Denn so erfolgreich Esther auch ist, ihre Freiheit hat sie nicht wieder gewonnen, sie mußte selbstverständlich Königin bleiben und Ahasveros gehorchen, noch mehr aber Mordochais Befehlen, der nun der mächtigste Mann bei Hofe war. Eine griechische Fassung des Estherbuches zeigt, daß dieses Dilemma auch die Juden beschäftigt hat. Man hat Esther ein Gebet in den Mund gelegt, in dem sie ihr Schicksal beklagt: »Steh mir jetzt zur Seite, denn ich bin allein und habe keinen Helfer außer dir, Herr! Du weißt auch, wie sehr es mir zuwider ist, unter den Menschen geehrt zu sein, die nicht nach deinen Geboten leben, und wie sehr ich es verabscheue, mit einem unbeschnittenen Mann das Lager zu teilen.«[14]

Doch Esther wird für die natürlichen Liebesfreuden eine Kompensation angeboten, die Macht. Was Mordochai sie gelehrt hat, die Berechnung der Erfolgschancen, das kalkulierte Risiko, die Art des Hofes, dem König im rechten Moment das ins Ohr zu flüstern, was eigenen Interessen dient, sie hat es gelernt. Das »Kopf ab!« kommt ihr glatt über die Lippen. Mordochais Machiavellismus ist zu einem Teil ihrer selbst geworden, sie hat gelernt, mit den Wölfen des Patriarchats zu heulen. Allerdings: Sosehr eine Karrierefrau wie Esther auch glauben könnte, daß sie alles erreicht hat, sosehr sie sich im Einklang wissen mag mit ihrem überlegenen Vater und dem Gott, der mit ihm im Bunde ist, sie selbst bleibt doch rechtlos.

Für ihre eigene Freiheit und Selbstbestimmung kann sie

nichts tun. Ihre eigenen Ziele kommen ihr sogar abhanden, sie weiß nichts mehr von sich, weil alles ihr von Mordochai vorgegeben ist. Was sie ausfüllt, ist die Angst, gegenüber den Ansprüchen Mordochais zu versagen. Aber eine Königin, wie es einmal Königinnen gab, die denjenigen zu ihrem Gemahl und König wählt, der für das Wohl des Landes sorgt und Gerechtigkeit für alle bringt, eine solche Königin ist sie nicht und kann es unter der Herrschaft eines Mordochai niemals sein. Der Erfolg, den sie hat, nährt sie darum nicht, macht sie nicht glücklich, weil die Angst zu versagen und die Drohung, damit alle Privilegien zu verlieren, sie immer begleiten. Ihre originalen weiblichen Fähigkeiten aber liegen brach, geopfert einem übermäßigen Leistungswillen.

Das Märchen »Die verwünschte Prinzessin« erzählt von einer Königstochter, die in ähnlicher Weise unter der Herrschaft eines Vatergeistes stand. Sie tötete alle ihre Freier, weil der Berggeist es ihr befal. Der Berggeist ist ein alter Mann mit schneeweißem Bart, Augen wie glühenden Kohlen und haust in einer Höhle mit steinernem Altar. Je mehr Blut sie vergieße, sagt er zu der Prinzessin, »desto eher wirst du für mich rein und mein eigen«.[15] Die Besessenheit der Tochter von einem Berggeist, der väterliche und göttliche Züge trägt und dessen Worte für die Tochter ehernes Gesetz sind, gegen das es keine Berufung gibt, ist nicht weit entfernt von der fanatischen Frömmigkeit, die viele Frauen an den Tag legen. Mit düsterer Entschlossenheit verteidigen sie Dogmen, die sie selbst versklaven, und fordern bei anderen eine Moral ein, unter der sie selbst leiden. In jüngster Zeit benutzen Gegner des Feminismus solche fanatisierten Frauen mit Vorliebe als Kronzeuginnen gegen die Frauen. Entweder wird Frauen, die nach politischer Mitbestimmung streben, zum tausendsten Mal Margaret Thatcher als abschreckendes Beispiel vor Augen geführt. Oder die fanatisierte Frömmigkeit von Frauen, die sie zu Feindinnen der feministischen Bewegung macht, wird genüßlich als Argument benutzt, um Frau gegen Frau auszuspielen. Für den abgründigen Schmerz in diesen von einem Berggeist besessenen Töchtern des Patriarchats haben nur die wenigsten einen Sinn. So wie das Patriarchat die Tochter aller Rechte beraubt, sie als Privateigentum des Vaters für die Öffentlichkeit unsichtbar gemacht hat, so hat es auch die Seele der Tochter einem Berggeist ausgeliefert, der sie um so vollständiger besitzt, je unsichtbarer er bleibt. Dieser innere Zwingherr, der ihr nicht erlaubt, eine eigene Meinung zu haben, geschweige selbständig zu handeln, ist nichts anderes als der personifizierte Ungeist des Patriarchats.

Judith

Die von Gott besessene Heroin

Wenn eine Tochter vom Geist des Vaters besessen ist, mag sie noch eine Chance haben, sich eines Tages davon zu befreien. Doch wenn es Gott ist, der sie einem Berggeist gleich in seinem Bann hat, wie sollte sie dann noch eine Chance haben, zu sich selbst zu finden?

»Stolz Jerusalems und Ruhm Israels« (Judith 15,9) wird Judith gepriesen, die den Heerführer der Assyrer, Holofernes, tötete und dadurch Israel vor der Besetzung und Jerusalem vor der Schändung durch die Heiden bewahrte. Judith war die Tochter nicht nur eines Vaters, sondern einer ganzen Ahnenreihe von Vätern. Sie ist damit Symbolgestalt der Tochter, wie sie in einer langen Geschichte des Patriarchats geformt wird, Judith, »die Tochter des Merari, des Sohnes des Ox, des Sohnes Josephs, des Sohnes Ussiels, des Sohnes Elkias, des Sohnes Hananjas, des Sohnes Gideons, des Sohnes Rephaims, des Sohnes Ahitubs, des Sohnes Elias, des Sohnes Hilkias, des Sohnes Eliabs, des Sohnes Nathanaels, des Sohnes Selumieles, des Sohnes Zurisaddais, des Sohnes Israels« (Judith 8,1). Fünfzehn Vorväter, keine einzige Mutter. Es ist gut vorstellbar, wie sehr Vater Merari es bedauert haben mag, keinen Sohn zu haben, um diese stolze Ahnenreihe fortzuführen. Er verheiratete seine Tochter mit einem Mann vom gleichen Stamm, der aber jung starb. Judith verwaltete als Witwe allein das große Erbe, das ihr Mann ihr hinterlassen hatte.

Aber die schöne junge Frau nutzte ihre Freiheit nicht: »Sie ließ sich auf dem Dache ihres Hauses ein Gemach errichten, legte sich härenes Tuch um die Lenden und trug darüber ihre Witwenkleider. Zudem fastete sie täglich, seit sie Witwe war... Sie war von schöner Gestalt und sehr blühendem Aussehen...« (Judith 8,5ff). Der Erzähler kann sich nicht genug tun, die vornehme Abkunft, die Schönheit und die Frömmigkeit seiner Heldin zu rühmen und hervorzuheben. Diese einsame Witwe nun empört sich über die Feigheit und den Unglauben der Ältesten ihres Heimatortes Betylua und wird plötzlich zur Heldin. Betylua wurde belagert vom assyrischen Heer, der größten und brutalsten Kriegsmaschinerie der alten Welt. Unter der Führung des Generals Holofernes war es ausgezogen zu nichts anderem als zu unterwerfen, zu zerstören und auszubeuten. Es hatte die Quellen und Flüsse der Umgegend besetzt, und als nun die Zisternen der Bergbevölkerung erschöpft waren, hatten die Einwohner den Ältesten von Betylua vorgehalten, es sei besser, sich den Assyrern zu ergeben, um mit dem Leben davonzukommen, als zu verdursten. Die Ältesten hatten die Verzweifelten beschwichtigt, fünf Tage sollten sie noch warten, vielleicht tue Gott ein Wunder... Judith war ganz anderer Meinung. Durst war für sie kein Grund, sich den Assyrern zu ergeben, hing doch alles davon ab, das Heer hier am Paß aufzuhalten, denn sonst war der Weg frei nach Jerusalem zum Tempel, den sie entweihen würden. Und war es etwa ein Zeichen von Gottvertrauen, dem Höchsten ein Ultimatum dieser Art zu stellen: Hilfst du uns in den nächsten fünf Tagen nicht, dann ergeben wir uns den Heiden?

Da hatte Judith eine ganz andere Auffassung von der Aufgabe der Ältesten, von der Verantwortung für den Tempel, von der Ehrfurcht vor Gott und nicht zuletzt vom Verhältnis zwischen Glaube und Tat. In diesen Tagen der Verzweiflung hat sie ihnen gehörig den Marsch geblasen und erwies sich als einziger Mann unter lauter Memmen. Die Ältesten wurden ganz klein und häßlich unter ihrer ebenso brillanten wie gottesfürchtigen Rede und konnten sich nur kläglich rechtfertigen: »Weil aber die Leute so großen Durst litten, haben sie uns gezwungen, so zu handeln, wie wir es ihnen versprachen...« (Judith 9,30). Einen Ausweg wußten sie ohnehin nicht, der fiel nur Judith ein. Er war tollkühn, nein wahnsinnig. Nicht der eigene Mut war es, der Judith zu ihrem Unternehmen befähigte, sondern die heilige Überzeugung, ein Werkzeug des Gottes ihrer Väter zu sein: »Herr, Gott meines Ahnherrn Simeon! Du gabst diesem ein Schwert in die Hand zur Rache an den Heiden, welche der Jungfrau den Leib enthüllten, um sie zu beflecken, und den Schenkel entblößten, um sie zu beschimpfen, und den Schoß entweihten, um sie in Schande zu bringen (gemeint sind Dina, die Tochter Jakobs, und ihr Bruder Simeon, der ihre Vergewaltigung rächte). Deshalb gabst du ihre Machthaber in gewaltsamen Tod dahin, und ihre Lagerstadt tauchtest du in Blut und schlugst Knechte und Herren, sogar die Fürsten auf ihren Thronen. Ja, du erlaubtest deinen geliebten Söhnen, ihre Frauen zu erbeuten, ihre Töchter gefangen wegzuführen und alle ihre Habe zu verteilen... Gott, mein Gott, erhöre nun auch mich, die Witwe! Du warst ja der Urheber von dem, was damals geschah... So brich ihre Kraft durch meine Macht und zerschmettere ihre Stärke ... brich ihren Trotz durch eines Weibes Hand...« (Judith 9,2ff). Judith nahm ihre schönen Kleider aus der Truhe, die sie seit dem Tod ihres Mannes nicht mehr getragen hatte, schmückte sich und ging, nur von einer Dienerin begleitet, ins Lager der Assyrer, gab sich als Überläuferin aus, warf sich dem gehaßten Holofernes zu Füßen und schmeichelte ihm. Selbst ihr Gebet, das sie jede Nacht verrichtete, wurde zum Teil ihres Attentatplanes. Ihre Schönheit machte es ihr leicht, die Aufmerksamkeit des Heerführers zu fesseln und endlich nachts allein in sein Zelt gelassen zu werden. Dort betete sie noch einmal: »Herr, du Gott aller Macht, schaue in dieser Stunde gnädig auf das, was meine Hand zur Verherrlichung Jerusalems unternimmt. Denn jetzt ist es Zeit, dich deines Eigentums anzunehmen und meinem Vorhaben Gelingen zu schenken zum Verderben der Feinde, die sich gegen uns erhoben haben.«

Damit trat sie zu der Bettsäule, die sich zu Häupten des Holofernes befand, und langte sein Schwert dort herunter. Dann näherte sie sich dem Lager, faßte ihn bei den Haaren und rief: »Verleihe mir heute Kraft, Gott Israels!« Und sie hieb zweimal aus Leibeskräften auf seinen Hals ein, so daß sie ihm den Kopf abtrennte« (Judith 13,4ff). Sie trug das blutige Haupt mit sich fort nach Betylua hinauf. Doch damit nicht genug, nun wurde sie zur Strategin dessen, was folgen mußte. Sie befahl für den Morgen einen Scheinangriff auf das assyrische Heer. Wie erwartet, riefen die assyrischen Offiziere daraufhin nach ihrem General, und als sie ihn tot fanden, stiftete das so viel Verwirrung, daß sich schließlich das ganze Heer von 120 000 Mann zur Flucht wandte, die Israeliten viele töten konnten und reiche Beute machten. Judith bekam das Zelt des Holofernes mit allen Silbergeräten, Ruhebetten und Gefäßen. Dann aber stimmte sie zusammen mit den Frauen ein Siegeslied an, bekränzt von Ölzweigen. Man zog nach Jerusalem, um auch dort den Sieg zu feiern, und Judith stiftete das Zelt des Holofernes dem Tempel. »Solange sie lebte, war sie im ganzen Lande hochangesehen, und viele begehrten sie. Doch durfte kein Mann mehr sie berühren ihr Leben lang, seitdem ihr Gatte Manasse gestorben und zu seinem Volk versammelt war. Sie brachte es auf ein sehr hohes Alter und wurde im Hause ihres Mannes zur Greisin von 105 Jahren« (Judith 16,21ff).

Eine großartige, bewunderungswürdige Frau also, und doch aus weiblicher Perspektive am tiefsten zu bedauern. Die eisige Einsamkeit, die sie umgab, gemahnt an den Gläsernen Berg, von dem die Märchen oft erzählen. In diesem gläsernen Berg hält ein Vater seine Töchter, die Schwanenjungfrauen, gefangen, und niemand kann diesen Berg ersteigen, niemand die gläserne Schönheit der Schwanenjungfrauen mit Blut und Leben füllen. Es ist, als habe Judith schon als fromme Witwe begonnen, auf dem Dach ihres Hauses diesen gläsernen Berg zu bauen, als sie sich dort eine Hütte errichten ließ, in der sie sich kasteite. Ihre Tat für Gott und in seinem Namen ist ebenso grandios wie selbstzerstörerisch. Judith hat alles, was sie war, eingesetzt, um diese Tat zu vollbringen, ihre Schönheit, die sie später einem Freier nicht gönnte, ihre Kleider, die sie nur für ihren zu früh gestorbenen Mann getragen hatte, ihre Liebesfähigkeit; sie hat ihre schwache Hand nicht geachtet, um morden zu können, sie hat ihre Furcht mißachtet, als sie ins Lager des Holofernes ging, und ihren Haß verleugnet, um ihm zu schmeicheln. Sie hat ihr zurückgezogenes Leben geopfert, um für diese Tage im Zentrum ihres Volkes zu stehen, einem Heer Befehle zu geben; sie hat für alle getanzt und gesungen, was sie dann niemals im Leben wieder getan hat. Der Geist Jahwes, in dessen Namen und für den sie das tat, hat alle ihre Kräfte an sich gerissen und in seinen Dienst genommen. Und doch muß etwas in ihr zurückgeschaudert haben vor ihrer blutigen Tat. Ihre Kriesgbeute, das Zelt des Holofernes, wollte sie nicht in ihrer Nähe behalten, sie stiftete sie dem Tempel. Und einen Mann wollte sie niemals mehr in ihrer Nähe dulden, nachdem sie um Gottes willen ihren Charme, ihre Schönheit samt der Erinnerung an den geliebten Mann ihrer Jugend als Waffe hatte gebrauchen müssen, um Holofernes zu umgarnen. Alles, was sie gewesen war, war ins Gegenteil gewendet worden, da blieb ihr nach der Tat nur noch Verzicht. Doch wer ahnt in dieser stolzen, einsamen Frau das verlassene kleine Mädchen, das friert und sich fürchtet, dem niemand ein Wort der Liebe sagte, das niemand in den Arm nahm und tröstete, wenn ihm vor seinem eigenen Tun schauderte? Der Gott, den sie angerufen hatte, hat ihre Hand geführt zum Morden, aber er hatte keine Hand, in die sie sich bergen konnte. So mutterseelenallein, wie es Judith war, trotz aller Verehrung, die ihr entgegengebracht wurde, so verlassen ist die Tochter einer patriarchalen Ahnenreihe, die einen männlichen Gott ihren Herrn nennt, in dessen Namen sie zur Terroristin wird. Denn nicht Liebe zu ihrem Volk, nicht Abscheu vor der Gewalt des assyrischen Heeres, sondern die Sorge, der Tempel von Jerusalem könne entweiht werden, war für Judith Motiv ihres Handelns. Sie schützte Jerusalem und verglich die Stadt mit der geschändeten Dina, weil sie sich wohl mit dieser Stadt identifizierte, mit der Tochter Zion, die schutzlos ihren Feinden preisgegeben war. So entweiht, so ausgeliefert muß Judith sich selbst vorgekommen sein.

Das Patriarchat hat die weiblichen Riten abgeschafft, die kultische Kompetenz der Frau bestritten, ihr in der Religion einen untersten Rang überlassen. Es hat die matrizentrische Religion, der es darum ging, die heiligen Ordnungen des Kosmos und des Lebens zu feiern und zu stärken, ersetzt durch eine Religion, in der es Gut und Böse gibt und Rache und Vergeltung, Mord und Schuld an der Tagesordnung sind. Statt daß die Religion sichtbar macht, wie jeder Mensch, ob Sohn oder Tochter, ein Kind des Kosmos ist, erwartet und erwünscht, geliebt und umsorgt, wurde Religion zu einem Codex des Richtigen und des Falschen. Wo aber eine solche Religion in die Tochter einwandert, ein solcher Gott der Rache sie besetzt hält, wird sie zu einer furchterregenden und schließlich männermordenden Gestalt, die mit dem, was eine Frau sein sollte und sein möchte, nichts mehr gemein hat.

Zusammenfassung

In die unglücklich liebende Michal zieht endlich der Geist ihres Vaters Saul ein, der David haßte.

Die geschändete Thamar übernimmt die Verachtung ihres Schänders Amnon und deckt sich selbst mit Asche zu.

Die strahlende Königin Esther ist im Grunde Sklavin des Mordochai und hat gelernt, andere für sich töten zu lassen. Im Grunde aber hat sie ständig Angst zu versagen.

Die hochgeehrte Witwe Judith, der Gott die Hand führte, um Holofernes zu enthaupten und ein Heer von 120 000 Mann in die Flucht zu schlagen, ist im Grunde ein einsames, verlassenes Kind, das sich nach Wärme und Liebe sehnt.

Die Gefangensetzung der Tochter im Patriarchat wird im Laufe der Zeit und im Laufe der Biographie jeder einzelnen Tochter zu einer Fixierung im Patriarchat, weil die männlichen Gestalten, die ihre Gefängniswächter sind, in sie selbst einziehen, von ihr Besitz ergreifen und sie besessen machen. So verlieren die Töchter und Frauen ihre ursprünglich weibliche Aufgabe aus den Augen. Sie werden zu »Mädchen ohne Hände«, denen das Patriarchat jede eigene Handlungsfähigkeit geraubt hat, die eigene Sprache, den eigenen Ausdruck, die Fähigkeit, das eigene Sein zu deuten. Denn die Deutung der Welt, die Deutung Gottes und die Deutung auch des weiblichen Seins haben die Gottesmänner übernommen.

Dritter Teil

Jerusalem — Tochter Zion

Das Verstummen aus Scham

Die Feststellung, daß die patriarchalen Gestalten, mit denen es die Tochter zu tun bekommt, gleichsam in ihre Seele hineinwachsen und so ein Teil von ihr werden, mag befremdlich klingen. Tiefenpsychologen aber wissen, daß die Stimmen und Haltungen der Eltern in das Kind auf ähnliche Weise hineinwachsen und zu inneren Instanzen werden. KZ-Opfer wissen, daß sich der Gefolterte mit dem Folterer identifiziert. Identifizierung aber ist die Art, wie eine Tochter lernt. Im Unterschied zum Jungen kann sie in der frühen Symbiose mit der Mutter verharren, braucht sich nicht von ihr zu unterscheiden, sondern entfaltet sich durch Nachahmung der Mutter. Diesem »Lernen« durch Nachahmung oder Identifikation mit der Mutter entspricht der Religionstypus des Ritus, der Magie und damit der matrizentrischen Epoche. Das eigene Sein und die Fortdauer wie Erneuerung des Lebens wurden gewonnen durch Identifizierung mit dem Ursprung, und das hieß mit der Großen Mutter. Nicht die Unterscheidung von ihr, sondern die Ähnlichkeit mit der Mutter gab der Tochter Boden unter die Füße, Würde, Wert, Aufgabe und damit Identität. Dadurch wird noch einmal deutlich, was der Tochter genommen wurde, als sie aus dem Reich der Mütter in das Haus des Vaters überführt wurde.

In der patriarchalen Epoche wurden die Göttergenealogien umgeschrieben. Wo vorher eine Mutter der Götter und ihre Söhne und Töchter waren, gab es nun einen Vatergott, und die Göttinnen der Frühzeit wurden nun seine Töchter genannt. Der Vatergott setzte sich an den Ursprung der Kosmogonie, wohl wissend, daß mit der Besetzung des Ursprungs auch die Gegenwart und damit die Zukunft bestimmt wird: »Ich bin das Alpha und das Omega.« Obwohl Judentum und Christentum sich überwiegend als heilsgeschichtliche Religionen begreifen, die nach dem Sinn als einer Richtung der Entwicklung fragen, konnten sie auf Aussagen über den Ursprung der Welt nicht verzichten. Die Schöpfung mußte als eine Art Urknall für den Beginn der Heilsgeschichte gedeutet werden.

Für die Tochter aber bedeutet die Besetzung des Ursprungs mit einer Vatergestalt anstelle der Mutter Furchtbares. Ihre Tendenz zur Identifikation hat sich damit nicht geändert, und so wird sie sich mit diesem Vater und Vatergott weiterhin zu identifizieren suchen, für dessen Wohl Verantwortung übernehmen, weil ihre eigene Identität daran hängt.

Psychotherapeutinnen stellen fest, daß selbst Töchter, die von ihrem Vater nichts Gutes erlebt haben, an der Fiktion festhalten, von ihm geliebt zu sein. Oder sie beobachten, daß Töchter sich lieber selbst opfern, als ihren Vater bloßzustellen.[16] Am schwerwiegendsten ist das beim Vater-Tochter-Inzest. Der Vater droht der Tochter nicht selten, er werde sich umbringen, wenn sie ihm nicht zu willen sei, lädt ihr damit die Verantwortung für das Wohl und Wehe der Familie auf, und die Tochter opfert sich, damit der Vater zufrieden ist. In dem Märchen »Das Mädchen ohne Hände« wird der Konflikt besonders drastisch gezeigt: Der liebe Vater verwandelt sich in einen Teufel, wenn die Tochter sich nicht genau so verhält, wie er es verlangt. Damit sie einen »lieben Vater« behält, muß sie sich endlich die Hände abhacken lassen.[17] Sie und andere Töchter brauchen aber einen lieben Vater, weil die patriarchale Umwelt ihr deutlich gemacht hat, daß der Vater ihr Ursprung ist und mithin Quelle ihrer eigenen Identität. Töchter können darum eher bereit sein, sich selbst oder gar ihr Leben aufzugeben, als den Vater zu verraten, seinen Wünschen zu widersprechen oder ihm gar zu schaden. Ihre sich identifizierende Liebe, die Töchter zu sich selbst leiten würde, hätten sie die Große Mutter des Ursprungs vor sich, verleitet die Töchter im Patriarchat dazu, sich selbst zu verraten und aufzugeben, und das, ohne daß die Väter oder andere Autoritäten dieses schmerzhafte Opfer überhaupt wahrnehmen. Ohne sich dessen bewußt zu sein, sieht der Mann in jedem weiblichen Wesen, und sei es seine kleine Tochter, eine Mutter. Insbesondere die Tochter erlebt er sogar als die Idealmutter, die immer für ihn da ist, um ihn glücklich zu machen, und die keine Macht hat, ihm zu widersprechen. Auf diesem Hintergrund wirkt es besonders aufschlußreich, daß die patriarchale Mythologie die Großen Göttinnen zu Töchtern des männlichen Gottes deklarierte. Die Absicht ist deutlich: Ihre Macht soll ihnen genommen werden, ihre Eigenschaften als Muttergeliebte aber sollen sie behalten.

Selbstverständlich, so werden Juden und Christen sagen, ist der Gott der Bibel weit erhaben über solche Probleme. Nach dem Exilspropheten Ezechiel aber ist es gerade nicht so. Vielmehr sind am Verhältnis Jahwe-Jerusalem nach Ezechiel 16 alle Merkmale der inzestuösen Beziehung eines Vaters zu seiner Tochter abzulesen. In Jerusalem oder der Tochter Zion wird auch kaum jemand eine »Mutter Zion«

entdecken, aber sie muß religionsgeschichtlich vermutet werden. Nur so erklärt sich der Impuls, gleich am Anfang dieses Kapitels jede Erinnerung an sie gewaltsam auszulöschen:

»Und es erging an mich das Wort des Herrn: Menschensohn, halte Jerusalem seine Greuel vor und sprich: So spricht Gott der Herr zu Jerusalem: Nach Herkunft und Geburt stammst du aus dem Lande der Kanaaniter; dein Vater war ein Amoriter, deine Mutter eine Hethiterin. Bei deiner Geburt, am Tage, da du geboren wardst, wurde deine Nabelschnur nicht abgeschnitten; du wurdest nicht mit Wasser gewaschen zur Reinigung, wurdest auch nicht mit Salz eingerieben und nicht in Windeln gewickelt. Niemand blickte mitleidig auf dich, etwas derart für dich zu tun, indem er sich deiner erbarmte. Du wurdest aufs offene Feld geworfen, weil man dein Leben nichts achtete an dem Tage, da du geboren wurdest. Da ging ich bei dir vorüber und sah dich zappeln in deinem Blute und sprach zu dir, wie du dalagst in deinem Blute: Bleibe leben und wachse heran wie das Gesproß des Feldes« (Ezechiel 16,1-7a).

Während der griechische Zeus seine Fähigkeit, Leben hervorzubringen, beweist, indem er die schwangere Göttin Metis verschluckt und Pallas Athene seinem Haupt entspringt, gibt Jahwe vor, er habe seine Tochter Jerusalem auf dem Feld gefunden. Da war keine Mutter, um das Mädchen zu versorgen, keine Amme, sie zu nähren. Das Neugeborene war schon so gut wie tot, bis Jahwe vorüberging und seine schöpferisches »Werde« sprach: »Bleibe leben«. Auch auf diese Weise läßt sich der mütterliche Ursprung leugnen, daß behauptet wird, er habe nicht ins Leben geführt – das sei erst durch den männlichen Gott ermöglicht worden. Diese

Findeltochter jedenfalls verdankt ihm ihre Existenz. Dies aber bedeutet für Jahwe, daß sie sein alleiniger Besitz ist:

»Und du wuchsest heran und wurdest groß und kamst in die Jugendblüte. Deine Brüste wurden straff und dein Haar sproßte; doch du warst nackt und bloß. Da ging ich bei dir vorüber und siehe, deine Zeit war da, die Zeit der Liebe. Da breitete ich meinen Mantel über dich und bedeckte deine Blöße. Ich schwur dir und schloß einen Bund mit dir, spricht Gott der Herr, und du wurdest mein« (Ezechiel 16,7b-8). Ohne mit der Wimper zu zucken spricht Jahwe von seinem Vergnügen am Leib der heranreifenden Tochter und wie er ihn in Besitz nimmt. In ganz ähnlicher Weise haben auch Väter meistens keinerlei Unrechtsbewußtsein, wenn sie ihre Töchter sexuell mißbrauchen, weil sie glauben, einen göttlichen Anspruch auf sie zu haben, etwa so wie ein Säugling auf die Mutterbrust.

»Ich kleidete dich in buntgewirkte Gewänder und gab dir Sandalen von Seehundsfell, einen Kopfbund von Byssus und einen Schleier von Seide. Ich schmückte dich mit Geschmeide, ich legte dir Spangen an die Arme und eine Kette um den Hals. Ich tat einen Reif an deine Nase und Ringe an deine Ohren und eine prächtige Krone auf dein Haupt. Und dein Ruhm erscholl unter den Völkern wegen deiner Schönheit, denn sie war vollkommen dank dem Schmuck, den ich dir angelegt hatte, spricht Gott der Herr« (Ezechiel 16,10-12.14). Das sichtliche Vergnügen, mit dem Jahwe seine geliebte Tochter herausstaffiert, zeigt noch einmal seinen Besitzerstolz: Es hebt sein eigenes Ansehen, eine so reich geschmückte Tochter zu haben. Denn nicht ihre eigene Schönheit, das Geschmeide das er ihr gegeben hat, begründet ihren Ruhm. Sie ist das Schaufenster seiner Macht und seines

Reichtums, selbst aber nicht mehr als eine Schaufensterpuppe – meinte er. Nun folgt der eigentliche Anlaß der Rede, die Empörung Jahwes über die Untreue seiner Tochter:

»Du aber verließest dich auf deine Schönheit und buhltest auf deinen Ruhm hin und verschwendetest deine Buhlerei an jeden Vorübergehenden. ...Du buhltest mit den Söhnen Ägyptens, deinen starkentwickelten Nachbarn, und machtest deiner Buhlerei viel, mich zum Zorne zu reizen« (Ezechiel 16,15.26). Viele Väter, die ihre kleinen Töchter sehr gern haben, werden zu unversöhnlichen Gegnern, wenn diese Töchter heranwachsen und ihren eigenen Kopf durchsetzen wollen. Besonders kraß fällt dieser Konflikt aus, wenn die Väter ihre Töchter sexuell mißbrauchen. Dann schelten sie ihre Tochter eine Hure, sobald sie eine harmlose Schulfreundschaft hat; jeder Mann, der überhaupt in ihre Nähe kommt, gilt als Hurenbock und Schweinehund. Die Verlustangst führt dazu, daß der Vater jedes Maß an Objektivität verliert. Ebenso klingt der Eifersuchtsausbruch Jahwes. Weit davon entfernt, nach den Motiven seiner Tochter Jerusalem zu forschen, unterstellt er ihr, sie habe alles nur getan, um ihn zu erzürnen. Es ist einfach eine Majestätsbeleidigung, wenn sie sich ihre Liebhaber selbst aussuchen will: »Du buhltest auch mit den Söhnen Assyriens, weil du noch nicht satt warst... Dann triebst du noch mehr Buhlerei mit dem Krämerlande Chaldäa, aber auch damit hattest du noch nicht genug. Wie schmachtend war doch dein Herz, spricht Gott der Herr, daß du all diese Dinge tatest nach Art einer hochfahrenden Hure...« (Ezechiel 16,28ff).

Für heutige Ohren stellt sich die Frage, ob der Prophet vielleicht nicht gerade eine glückliche Hand hatte bei der Wahl seiner Metapher, aber er ist keineswegs der einzige der

Propheten, der Israels Rückfall in heidnische Kulte mit Hurerei vergleicht und Jahwe als Eifersüchtigen schildert: »Du sollst sie nicht anbeten und ihnen nicht dienen, denn ich, der Herr, dein Gott, bin ein eifersüchtiger Gott« (2. Mose 20,5). »Denn du sollst keinen anderen Gott anbeten. Denn eifersüchtig heißt der Herr, ein eifersüchtiger Gott ist er « (2. Mose 34,14). »Sie machten ihn eifersüchtig durch fremde Götter, durch Greuel reizten sie ihn« (5. Mose 32,16). »Denn der Herr, dein Gott, ist ein verzehrend Feuer, ein eifersüchtiger Gott« (5. Mose 4,24). »O daß ich eine Herberge hätte fern in der Wüste! So wollte ich mein Volk verlassen, wollte von ihnen gehen! Denn alle sind sie Ehebrecher, eine Rotte von Treulosen … mich aber kennen sie nicht, spricht der Herr« (Jeremia 9,2.3b).

Die Metapher der Hurerei, darin sind sich die Exegeten einig, lag nahe, weil die altorientalischen Kulte »Fruchtbarkeitskulte« waren, wie es umschreibend heißt. Zutreffender wäre wohl zu sagen, daß sie Kulte sexueller Lust waren, bei denen weder Vergewaltigung noch Frustration eine Rolle spielten. Der Gott Israels aber habe mit Sexualität nichts zu tun. Wie einseitig diese Sichtweise ist, offenbart dieser Abschnitt, denn er zeigt Jerusalem (Synonym für das erwählte Volk) als Tochter und Sexobjekt Jahwes und ihn selbst als rasend eifersüchtigen Liebhaber. Gegenüber den altorientalischen Kulten sind nur die Machtverhältnisse umgekehrt: Dort galt die Göttin als Mutter jedes Mannes, den sie Sohn nannte und der auch ihr Geliebter werden konnte. Jahwe aber behauptet nun, eine Tochter ins Leben gerufen zu haben, die ihm allein gehöre, weil er sie für sich erwählt habe. Alle anderen Liebhaber betrachtet er als Rivalen. Aber er kämpft nun nicht etwa gegen die Rivalen, sondern rächt sich an seiner Tochter, indem er sie schädigt: »Aber siehe, ich reckte meine Hand aus wider dich und entzog dir dein Teil...« (Ezechiel 16,27); »darum, siehe, will ich alle deine Buhlen versammeln, denen du wohlgefielst, und alle, denen du hold warst.... ich will sie von überall her wider dich versammeln und deine Blöße vor ihnen aufdecken, daß sie all deine Schmach sehen sollen. Ich will dich richten, wie man Ehebrecherinnen und Mörderinnen richtet, und Grimm und Eifersucht an dir stillen« (Ezechiel 16,37f); »ich will meinen Grimm an dir stillen, dann wird meine Eifersucht von dir weichen; ich will Ruhe haben und mich nicht mehr ärgern« (Ezechiel 16,42).

»Gegenüber Gott ist die Seele immer weiblich«, sagen die Mystiker, die es wissen müssen. Wehe der Seele, die von diesem Gott »geliebt«wird! Aber es ist dieser Gott, der nun seit vielen Jahrhunderten Töchtern vor Augen gemalt wird als ihr Schöpfer und Herr, als ein gerechter Gott, der einen Anspruch auf Rache hat, wenn sie ihm nicht gehorchen. Angesichts dieses Gottes bleibt den Töchtern nichts anderes übrig, als zu schweigen, und das bedeutet, auf jede eigene Wahl zu verzichten, jede eigene Phantasie zu unterlassen, eigene Gedanken auszuschalten, um »Mädchen ohne Hände« zu werden. Welche Frau aber, und sei sie nach menschlichen Maßstäben längst erwachsen, könnte von sich sagen, daß sie vor Gott mehr als eine unmündige Tochter sei? Dies bedeutet aber nichts anderes, als daß die Beziehung zwischen dem jüdisch-christlichen Gott und den Töchtern, womöglich sogar zwischen ihm und den Seelen der Männer, inzestuös ist. Diese These könnte überspitzt klingen, hätte die Rede Gottes nach Ezechiel 16 nicht noch folgenden Schluß: »Dann aber will ich meines Bundes gedenken, den ich mit dir in den

Tagen deiner Jugend geschlossen habe, und ich will einen ewigen Bund mit dir aufrichten, und du sollst erkennen, daß ich der Herr bin, damit du daran denkst und dich schämest und vor Scham den Mund nicht mehr auftuest, wenn ich alles vergebe, was du getan hast, spricht Gott der Herr« (Ezechiel 16,60-63). Jerusalem also soll sich die Kleider zerreißen, Asche auf ihr Haupt streuen, sich schämen und schweigen – so will der Herr seine Tochter haben. Er will ihr vergeben, was er ihr angetan hat, möchte ich fast sagen. Die teilnahmslose Puppe, das stumme Geschöpf ist dem göttlichen Liebhaber das liebste. Der Pygmalion-Mythos kündet davon: Weil der große Künstler die wirklichen Frauen zu untreu und zu fehlerhaft fand, schnitzte er sich eine Jungfrau aus Elfenbein nach seinem Geschmack und wurde von Liebe zu ihr ergriffen. Er schmückte sie mit Kleidern und Geschmeide, trug sie auf sein Lager. Um ihr Leben einzuhauchen, brauchte er dann allerdings doch die Göttin Venus.

Mehrere Märchen wissen von dem geheimen Wunsch des Mannes, eine stumme Geliebte zu haben, die ihm nicht widersprechen kann. Sie erzählen, wie ein Königssohn im Walde ein Mädchen findet, das nichts sagt und das ihm darum um so lieber ist. »... ich denke es mir unsagbar schön, ein stummes Weib im Arm zu halten. Versteh mich recht... sie vernichten immer so vieles durch ihre Worte, die Frauen, und wenn du nicht sprichst und dennoch liebst, so könnte das die Vollendung sein.«[18]

Die schweigsamen Märchenprinzessinnen hüten immer ein schreckliches Geheimnis, über das zu sprechen sie sich selbst verboten haben. Aber das berührt und interessiert ihre Entdecker gar nicht. Ebenso will auch der Gott Jerusalems, daß seine Tochter das schreckliche Geheimnis seines furchtbaren Eifersuchtsausbruchs, in dem er sich eher teuflisch als göttlich gebärdete, verschweigt, weil er ihr die Schuld dafür zuweist. Dafür soll sie sich schämen. Die Zumutung des »Vaters« an seine Tochter wirkt ebenso grotesk wie die der Väter, die ihre Töchter sexuell mißbrauchen und sowohl ihre Duldung als auch ihr Schweigen erpressen, indem sie ihnen einreden, von ihnen hänge es ab, ob er gut gelaunt sei oder nicht, ob er bei der Familie bleibe oder nicht, ob er ins Gefängnis komme oder nicht. Das kleine Mädchen wird überfordert, ihrer Kindheit beraubt und zur Komplizin eines Verbrechens gemacht.

Und doch sind die Muster vieler Predigten nicht anders, und ihre Vorbilder sind die alttestamentlichen Propheten: Immer ist der Mensch, also das Geschöpf, schuldig, wenn es auf Erden Probleme gibt, weil er nämlich den Schöpfer erzürnt hat. Das Böse rührt nicht etwa von Gott, sondern aus der menschlichen Eigenmächtigkeit und Untreue: »Ich habe euch den Regen versagt, drei Monate schon vor der Ernte. Ich habe euch mit Kornbrand und Vergilben geschlagen, eure Gärten und Weinberge habe ich verwüstet, und eure Feigenbäume und Ölbäume hat die Heuschrecke gefressen: dennoch seid ihr nicht umgekehrt zu mir, spricht der Herr. Ich habe die Pest wider euch losgelassen wie gegen Ägypten, ich habe eure Jünglinge mit dem Schwert getötet und eure Rosse weggeführt, und den Gestank eures Lagers habe ich aufsteigen lassen in eure Nase: dennoch seid ihr nicht umgekehrt zu mir, spricht der Herr. Ich habe eine Zerstörung unter euch angerichtet, wie Gott einst Sodom und Gomorrha zerstört hat, so daß ihr waret wie ein Scheit, das man aus dem Feuer herausreißt, dennoch seid ihr nicht umgekehrt zu mir, spricht der Herr« (Amos 4,6ff).

Diese absurde Argumentationsfigur wird einigermaßen verständlich, wenn wir uns den, der hier redet, als ein Kleinkind vorstellen, das seiner Mutter vorwirft, daß sie es vernachlässige, und deshalb brüllt, um sich schlägt, zerstört, was es nur kann, und für all das wieder die Mutter verantwortlich macht.

Da dieses Wesen die Mutter aber unbedingt braucht, wird es trotz all seiner Wut seinen »Bund« mit ihr wieder »aufrichten« und ihr »vergeben«, nämlich ihre Gegenwart, ihre Wärme, ihre Brust wieder annehmen. Letzten Endes appelliert der Gott des Ezechiel gegenüber seiner Tochter Jerusalem doch auch an die Mutter Zion. Das ist auch das geheime Motiv inzestuöser Väter: Sie suchen in der Tochter die junge Mutter, die »Gebein ist von meinem Gebein und Fleisch von meinem Fleisch« (1. Mose 2,23) und die deshalb keinem anderen gehören darf, sondern dazu da ist, ihn glücklich zu machen; zu deren Leib er ständig ungehinderten Zugang verlangt. Ganz ähnlich erleben es erwachsene Frauen: Der patriarchale Mann, der sich nach außen sehr überlegen gibt und sie herablassend wie eine unmündige Tochter behandelt, entpuppt sich unversehens immer wieder als ein Säugling, der die Mutter in ihr braucht.

Und Töchter, die, wie schon gesagt, im Grunde als fertige Frauen zur Welt kommen, reagieren auf diese geheimen Signale des Kindes — im Mann oder in diesem Gott. Ihre Mutterinstinkte werden früh geweckt, sie übernehmen tatsächlich Verantwortung für das Brüllen und Umsichschlagen dieses eifersüchtigen, destruktiven Herrn, fühlen sich schuldig und bemühen sich fortan, ihm keinen Anlaß zu seinen Ausfällen zu geben. Sie decken seine Untaten mit dem Mantel des Schweigens zu, damit er in seinem göttlichen Glanz erscheinen kann. Dies wäre unbegreiflich ohne die Einsicht in die Identifizierung als bestimmendes Merkmal weiblichen Verhaltens: Die Herkunft bestimmt über die eigene Identität. Darum muß die Herkunft, eigentlich die Mutter, geehrt werden. Da man dem Mädchen nun den Vater oder einen Schöpfergott als seine Herkunft zeigt, wird es diesen ebenso hüten wie den eigenen Augapfel. Sein wahres Gesicht anderen zu zeigen würde bedeuten, selbst der Scham, der Unwürdigkeit und Lächerlichkeit preisgegeben zu sein.

Die Rede Gottes an seine Tochter Jerusalem hat erneut die vier Gefängnismauern um die Tochter aufgerichtet, von denen schon die Rede war: Die sexuelle Kompetenz wird ihr abgesprochen, hier wird dies besonders kraß dadurch ausgedrückt, daß die leibliche Mutter als Nicht-Mutter dargestellt wird, die ihre Tochter weder abnabelt noch badet, noch für sie sorgt.

Die Freiheit der Partnerwahl wird der Tochter verboten. Hier wird ihre Partnerwahl mit furchtbaren Strafen des eifersüchtigen Gottes geahndet. Die rechtliche Freiheit wird ihr abgesprochen, sie wird entmündigt, indem ihr überhaupt jedes Wort verboten wird, das sie zu ihrer Verteidigung sagen könnte. Selbst der Bund mit ihr wird einseitig ausgesprochen. Die religiöse Kompetenz wird ihr abgesprochen, weil alles, was sie selbst wählte, aus Undank und Unersättlichkeit rühren soll. Der bedingungslose Gehorsam allein dem Vater und Herrn gegenüber gestattet ihr das Überleben.

Auch die Folgen dieser Gefangensetzung, wie sie an Michal, Thamar, Esther und Judith erkennbar wurden, stellen sich bei der Tochter Jerusalem ein: Sie wird von ihrem Vater gefangengesetzt in einem Turm, damit sie nicht zu ihrem Geliebten kann, sie muß in Sack und Asche gehen wie Thamar, weil sie die Schuld trägt am Zorn dessen, der sie strafte, sie muß wie Esther bei Todesstrafe Angst haben, zu versagen und dem Gebot ihres Herrn nicht folgen zu können, und sie wird wie Judith einsam und verlassen bleiben.

Exkurs zum Umgang mit dem Alten Testament

Vielfach wird mir und anderen feministischen Theologinnen bei der Auseinandersetzung mit dem Alten Testament Antijudaismus oder sogar Antisemitismus vorgeworfen. Darum ist es nötig, darauf hinzuweisen, daß es mir nicht um eine Auseinandersetzung mit der Hebräischen Bibel der Juden geht, sondern um eine mit dem Alten Testament. Nur vordergründig handelt es sich dabei um dasselbe. Juden lesen die Hebräische Bibel immer im Zusammenhang, eingebettet in die talmudische und rabbinische Deutungstradition. In dieser Tradition sind auch Geschichten wie die von Jephtas Tochter beispielsweise weitererzählt oder umgedeutet worden, ganz abgesehen davon, daß sie eingebunden sind in die Festtraditionen und dadurch eine weitere lebendige Interpretation erfahren. Ganz anders verhält es sich in den Kirchen der Reformation. Seit durch die Bibelübersetzungen die Heilige Schrift allen zugänglich und die tägliche Bibellektüre sogar zur allgemeinen Pflicht wurde, haben Christen die Bibel sozusagen pur gelesen. Da konnte es dann vorkommen, daß Konfirmanden sich gegenseitig Stellen aus dem Alten Testament wiesen und daraus eine durchaus unerwünschte »Aufklärung« über gewisse sexuelle Praktiken und andere gruselige Vorgänge erhielten. (Viel ist über »jugendfreie« Schriften diskutiert worden, keiner dieser christlichen Eiferer ist auf die Idee gekommen, das Alte Testament auf den Index zu setzen.) Wer will, kann vielfache Anregungen für Gewalt und Grausamkeit, insbesondere aber für den gewalttätigen Umgang mit Mädchen und Frauen aus dem Alten Testament herauslesen. Da diese Bibellektüre einherging und noch -geht mit dem Fundamentalismus, der jedes Wort für göttlich inspiriert hält, entsteht eine abartige Schizophrenie.

Dabei braucht jemand nicht einmal ein Fundamentalist zu sein, um von der Bibel als von der »heiligen Schrift« zu reden. Jeder protestantische Theologe zumindest weiß sich dem Prinzip sola scriptura (allein die Schrift) verpflichtet, und jeder lernt überdies und hält es für zutreffend, daß Altes und Neues Testament zusammengehören, daß der »Vater Jesu Christi« kein anderer ist als der Gott, der sich im Alten Testament offenbart hat, der Gott Abrahams, Isaaks und Jakobs, der Israel aus Ägypten geführt hat. Kein Theologe wird auch bestreiten wollen, daß die Theologie ihre Aussagen über die Anthropologie, über die Schöpfung, über Gerechtigkeit und vieles andere mehr ganz wesentlich aus dem Alten Testament schöpft. Christen haben sich – durchaus unter Protest und zum Mißvergnügen der Juden – die Thora und die Propheten Israels angeeignet und sie nach ihrem Gutdünken interpretiert. Was dabei herauskommt, hat mit einer rabbinischen Schriftauslegung oft keinerlei Ähnlichkeit.

Meine Kritik an alttestamentlichen Geschichten sucht daher in keiner Weise die Auseinandersetzung mit der Synagoge, sondern ausschließlich die mit der Wirkungsgeschichte des Alten Testaments in der protestantischen Tradition. Ganz abgesehen davon, daß ich das Alte Testament hier als wertvolle religionsgeschichtliche Quelle verwende, die Aufschluß gibt über eine Epoche des Umbruchs, die sich in anderen Regionen der Erde ähnlich zugetragen hat. Aber was sich damals im Vorderen Orient abgespielt hat und im Alten Testament seinen Niederschlag gefunden hat, ist nun einmal prägend geworden für das christliche Europa. So werden bis in die Gegenwart aktuelle Streitfragen mit biblischen Namen und Gestalten verknüpft und verhandelt. Was in der Bibel steht, wurde als das Vorgegebene, von Gott so Gewollte, Normale begriffen und übernommen und hatte dadurch eine weit verzweigte Wirkungsgeschichte. Wenn ich mich nun als Opfer dieser Wirkungsgeschichte begreife, gibt es keinen anderen Weg, als bei den Wurzeln dieser halbbewußten »Richtigkeiten« zu graben.

Der Vater ist, einfach weil Jesus Gott seinen Vater nannte, im Christentum immer idealisiert worden. Noch 1976 veröffentlichte Lothar Perlitt einen Aufsatz über den Vater im Alten Testament, in dem er schreibt: »Das Vaterhaus setzt eine leib-seelische Ganzheit voraus, innerhalb deren der Hausvater den alle beherrschenden Willen repräsentierte. Der Vater erscheint nirgends als Despot, immer als der Mittelpunkt eines Kreises ... Die Kinder gingen in dieser Einheit völlig auf, sie waren Fleisch vom Fleisch des Vaters und trugen seinen Namen. Das Vaterhaus bot ihnen Heimat in einem Sinne, von dem wir nur noch träumen.«[19] Es ist schlechterdings unbegreiflich, wie der Verfasser eines Aufsatzes mit diesem Thema das so gar nicht traumschöne Schicksal der Töchter übersehen konnte. Aber diese Blindheit für die Situation der Mädchen und Frauen ist typisch für männliche Theologen; es läßt sich nicht bestreiten, daß Perlitts Aussagen auf die Söhne des Alten Testaments zutreffen.

Dieselbe Blindheit wie bei der Wahrnehmung des Vaters aus der Sicht der Töchter herrscht bei männlichen Theologen auch vor beim Verständnis für die Kritik feministischer Theologinnen nicht allein am Gottvaterbild, sondern für die Dringlichkeit dieser Kritik. In Diskussionen scheint es oft, als ob wir Frauen den mancherlei Theologien, die es schon gegeben hat und gibt, eine weitere Variante hinzufügen wollten, als intellektuelles Spiel sozusagen. Der Schmerz, der uns dazu treibt, das Entsetzen, das uns bewegt, wenn wir erst sehen, wie man uns geblendet hat, sind kein begreifliches theologisches Argument.

Vierter Teil

»Er soll dein Herr sein«
(1. Mose 3,16)

»Die Vater-Tochter-Wunde ist nicht nur ein Ereignis, das im Leben von individuellen Frauen stattfindet; sie ist darüber hinaus ein Zustand unserer Kultur. Überall, wo eine patriarchalische autoritäre Haltung vorherrscht, die das Weibliche entwertet, indem sie es auf bestimmte Rollen oder Eigenschaften reduziert, die nicht aus der eigenen Erfahrung der Frau, sondern aus einer abstrakten Vorstellung von ihr kommen, findet eine Vergewaltigung der Tochter durch den kollektiven Vater statt, der ihr verwehrt, aus ihrem eigenen Wesen heraus schöpferisch zu wachsen.«[20]

Die Gefangensetzung und Fixierung der Tochter hat im Laufe der Jahrhunderte die weibliche Persönlichkeit so überformt, daß die Frau nun vom Mann gebraucht und zugleich verachtet werden konnte. Carola Meier-Seethaler nennt sie die Muttersklavin.[21] Von Kind auf lernt die Tochter, daß sie ihren Wert allein vom Vater oder vom späteren Mann empfängt. Ihre ganze Aufmerksamkeit ist folglich auf den Mann gerichtet, ihre Kraft dient ihm, ihre Phantasie umspielt ihn, ihre Haltung spiegelt ihn, ihr Gebaren meint ihn. Sie hat einen Kult entwickelt, dessen Gott der Mann ist. Sich ihm zu unterwerfen, von ihm gebraucht zu werden ist ihr Lebensinhalt. Dieser Männerkult der Frau, dessen Regeln durch die Rituale der patriarchalen Ehe festgelegt sind, hat eine über viele Generationen dauernde Transfusion weiblicher Energien auf den Mann bewirkt, die er als Sohn, Bruder, Ehemann und Vater und − in anderen Formen − als Chef, Politiker, Priester oder Bischof von einzelnen und vielen Frauen empfängt. Denn die Projektion weiblicher Energien auf den Mann hat einen ganz realen Energietransfer zum Inhalt, sei er psychischer, sozialer oder praktischer Art, insofern weiblicher Kult selbst Sklavendienste einschließt.

Das christliche Abendland, das mit den Juden jeden Götzendienst verabscheut und verurteilt, hat mit der Übernahme der patriarchalen Struktur und ihrer Bestätigung als göttliche Ordnung einen Götzenkult der Frau größten Ausmaßes nicht nur geduldet, sondern gefördert. Gefördert wurde dieser Kult nochmals ganz besonders durch die Beschränkung des Priesteramtes auf den Mann, der allen Frauen vor Augen führte, daß nächst ihrem Vater oder Ehemann der Priester für sie an Gottes Stelle steht und ihm zu dienen sie dem Heiligen am nächsten bringt. Die reformierte Pfarrerstochter Ursa Krattiger schildert rückblickend ihre Überlegungen als junges Mädchen: »Vielleicht sollte ich ... einen Pfarrer heiraten. Wie sonst konnte ich Zugang bekommen zum Studierzimmer, zu den Büchern, zum Buch der Bücher, zum Herrgott. Wie, wenn nicht über einen Mann, über einen Herrn Pfarrer. Es waren immer Männer gewesen, von denen ich, wieder und wieder, den Satz des Mannes Jesus gehört hatte: Niemand kommt zum Vater denn durch mich. Alles, was mit Gottdemvater, Gottdemsohn und Gottdemheiligengeist zu tun hatte, kam nie anders zu mir als aus Männermund. Eines Mannes Stimme führte den Gesang der Gemeinde an. Männerhände brachen das Brot des Lebens und reichten mir den goldenen Kelch. Männer legten mir ihre Hände aufs Haupt. Propheten verkündeten. Könige bauten Tempel. Psalmisten sangen. Evangelisten offenbarten. Apostel reisten. Jünger folgten nach. Pfarrer predigten. Kirchenratspräsidenten und Kirchenpfleger leiteten. Professoren lehrten und schrieben Bücher. Studenten lasen sie und lernten. Studenten wurden Pfarrer. Oder Priester. Und Bischöfe und Päpste. Alles Männer. Was konnte ein Mädchen, was konnte ich mehr erhoffen als, im besten Fall, Frau Pfarrer zu werden, um so, wenigstens mittelbar, teilzuhaben — am Wort, am Geist, am Segen?«[22]

Aus männlicher Sicht wurde und wird Frauen immer unterstellt, es gehe ihnen darum, den Mann zu verführen. Dabei handelt es sich um eine reine Projektion des Mannes auf die Frau. Denn ihr geht es, schon dem kleinen Mädchen geht es um Zugang zum Heiligen, weil kosmischer Kult ihr inneres Wesen ausmacht und Identifizierung mit dem Heiligen die Art ihres Kultes ist. Wenn nun der Mann ihr vorspiegelt, Repräsentant des Heiligen zu sein, hat er die Tochter oder Frau auf diese Weise am sichersten gefesselt und sich dienstbar gemacht. Erst nach langem Dienen, nach langer Bereitschaft, sich jede Demütigung gefallen zu lassen, jeden Sklavendienst zu tun, alles zu dulden, was ihr aufgetragen wird, merken Frauen manchmal, daß sie keinesfalls, wie sie meinten, dem Heiligen nähergekommen sind, sondern daß ihre Zuwendung nur dazu verwendet wurde, das Ego des Mannes zu päppeln. Eine katholische Frau, die ähnlich wie die reformierte Pfarrerstochter meinte, dem Heiligen am nächsten kommen zu können, indem sie den Priester liebte, berichtet: »In seiner Verkündigung erlebte ich Hermann einfach als befreiend - eine ganz neue Erfahrung für mich in dieser Kirche. Ich fühlte mich angenommen und war fasziniert. … Schon bald brach dann aus ihm die Sehnsucht nach körperlicher Nähe zu mir hervor, was mich zunächst verwirrte, aber auch beglückte. Bei mir erweckten diese Begegnungen tiefe Gefühle der Liebe, aber auch von Abhängigkeit zu diesem Mann. Von diesem faszinierenden Priester so gemocht zu werden, war in meiner damaligen Situation einfach kaum zu fassen... Doch ich konnte es niemandem sagen und niemandem zeigen. Ständig lebte ich in Furcht vor Entdeckung und Verurteilung. ... Nach schlimmen Monaten und langem Hoffen, dies möge sich ändern, wenn wir uns vertrauter würden, kam es dann zu einem Gespräch. Hermann sagte mir, daß er stets zum Zölibat gestanden habe und auch weiter stehen werde und daß er nicht daran denke, sich zu mir zu bekennen, und auch nicht die Verantwortung für ein mögliches Kind übernehmen würde. Zölibat bedeute für ihn Verzicht auf die Ehe. Ab und zu der Versuchung einer Frau zu erliegen, das werde ihm von Gott verziehen, solange er nicht bewußt dazu stehe.«[23]

Ähnlich wie dieser Priester verstehen es auch Väter, Therapeuten, Ärzte und Chefs aller Art, die Faszination der Tochter oder Frau von der Aura ihres Amtes für ihre sexuelle Befriedigung auszubeuten. Ausgerechnet dadurch locken sie Mädchen und Frauen immer neu in das patriarchale Gefängnis, das einer Mausefalle gleicht, in der die Teilhabe an der Mana-Kraft als Köder ausgelegt ist. Ist die Frau darauf hereingefallen, schnappt die Falle zu, und der Fallensteller lacht sie aus, wenn sie ihm klagt, sie habe Heiliges von ihm erwartet, nämlich ewige Liebe, Verstehen, Treue, ein neues Leben oder was auch immer. Im Gegenteil, nicht selten wird er sie als allzu willige Hure verachten und ähnlich Amnon die Thamar verstoßen.

Die blinde Bereitschaft, mit der Mädchen und Frauen immer wieder in die Falle hineinlaufen, die Jonadab für seinen Freund Amnon ersonnen hat, ist nur begreiflich durch die Animus-Projektion auf der einen und das Täuschungsmanöver des Patriarchats auf der anderen Seite. Der patriarchale oder negative Animus setzt sich zusammen aus dem, was das Mädchen und die Frau an ihrem Vater und anderen Männern erlebt hat, und was in sie hineingewachsen ist, wie ich am Beispiel von Michal, Thamar, Esther und Judith versucht habe zu zeigen. Daneben gibt es aber auch den »matriarchalen« oder kreativen Animus.[24] Er tritt in der Religionsgeschichte in Erscheinung als numinose Gestalt, die Frauen in Ekstase versetzt und befruchtet: als gehörntes Tier wie Widder, Stier, Ziegenbock oder Hirsch; als Mond oder Blitz, Sturm oder Wolke, als Goldregen oder Schlange. Alle diese Erscheinungsweisen geistiger Macht sind nicht eigentlich männlich, sie versinnbildlichen in erster Linie elementare Kräfte. Erst in jüngerer Zeit erscheinen sie in männlicher Gestalt, trotzdem umgibt sie weiterhin die Aura des Außermenschlichen: Das gehörnte Tier etwa erscheint als Pan mit der Bocksgestalt, der Mond erscheint als Jäger oder Lichtheld, als Engel oder weißer Vogel; Baal, Zeus und Wotan verkörpern Sturm, Gewitter und Regen; Dionysos ist der aus dem Meer Aufsteigende und trotz seines phallischen Akzents androgyn. Diese elementaren Gottheiten gehören ursprünglich in den Umkreis der Großen Mutter als ihre »Söhne« oder »Diener«. Als Bilder für den kreativen Animus der Frau geht von ihnen bis heute eine erstaunlich numinose Faszination aus, weil sie seit langem dem Widergöttlichen zugerechnet werden. Sie galten und gelten als Rivalen Gottes, obwohl sich im Alten Testament die Attribute Jahwes kaum von ihnen unterscheiden. Frauen projizieren – und Projektionen geschehen immer unbewußt! – den kreativen Animus auf einen Mann und empfinden dies als Liebe. Sie unterwerfen sich dem Mann, als sei er Träger der Mana-Kraft, weil die Kulte, in deren Umkreis die elementaren Gottheiten ihren Ort hatten, unterdrückt oder verboten, in ihr Gegenteil verkehrt oder entstellt worden sind.

Die Verleumdung des bisher Heiligen

Die heilige Lust der matrizentrischen Kultfeiern, die heute mit so abschätzigen Ausdrücken wie »sexuelle Orgien« bezeichnet werden, ist nach mehreren Jahrhunderten christlicher Prüderie wohl kaum noch nachzuvollziehen. (»Schwarze Messen«, in denen jene alten Kulte heute beschworen werden, enthalten nichts von der heiteren Festlichkeit, die einst zum Kult gehörte, sondern sind nur ein Indiz für Kräfte, die ins Christentum nicht integriert wurden und sich deshalb mit einer antikirchlichen Attitüde als Satanskult gebärden.) Walter Schubart hat sie eine Religion vom Typ der Schöpfungswonne genannt und versucht, eine Sprache für sie zu finden: »Die Welt ging aus einer urtümlichen Brautnacht hervor, aus einer erotischen Begegnung kosmischer Urgewalten. In den Geschlechtskulten und Riten der Naturreligion, die sich noch um die Quellmitte des Lebens bewegt, ist nicht die Liebe zu einer Person, sei es auch einer unsterblichen, das Heilige, sondern das Lieben selbst, der Akt des Liebens... Die Religion der Schöpfungswonne offenbart sich in ekstatischen Ausbrüchen der schöpferischen Urkräfte des Alls. Der Sünder dieser Religion ist der Asket, der Keusche, der Treue, der Unfruchtbare. Ihre frömmste Gestalt, die große Heilige, ist das dionysisch orgiastische Weib in seiner fessellosen Geschlechtlichkeit... Nach dionysischer Auffassung hat die Frau den natürlichen Beruf und die religiöse Pflicht, Hetäre zu sein.«[25]

Der anonyme Liebhaber der Hetäre aber, Inkarnation des Gehörnten, des Mondes, des Dionysos, wurde im Patriarchat, im Christentum zum größten Feind, zum teuflisch Verruchten. Das Vorbild des mittelalterlichen Teufels sind Pan und Dionysos. Der Vorwurf an die Hexen, sie buhlten mit dem Teufel, ist von gleicher Art wie Jahwes Vorwurf an Jerusalem. Und ebenso wie Jahwe fürchterliche Rache nahm – nicht an seinen Rivalen, sondern an seiner Tochter –, so nahm der mittelalterliche Klerus Rache an den wehrlosen Frauen, die als Hexen verbrannt wurden. Die Religion der Schöpfungswonne war nun bei Todesstrafe verboten. Sie wurde so tief tabuisiert, daß die heutige Sprache nur noch das eher medizinische Wort »Sexualität« übrig hat für ein Geschehen, das mit der Benutzung der Genitalien bekanntlich nicht ausreichend zu beschreiben ist, jedenfalls für das Empfinden der Frau. Dem Mann scheint es zu genügen. Auch für die Frau ist im Laufe der patriarchalen Konditionierung die Sexualität so weit entrückt, daß sie ihre Kräfte und Wünsche selbst nicht mehr kennt; bis vor wenigen Jahrzehnten duldete sie »das« stumm als eheliche Pflicht. Erst die Frauen der Romantik haben wieder gewagt, etwas preiszugeben von dem, was ihre Seele bewegte.

Seit ihnen zieht sich durch die Literatur bis zum Trivialroman die unendliche Geschichte der sehnsüchtigen Liebe des unbedeutenden Aschenputtels, das auf den fernen fremden Mann jene numinosen Kräfte projiziert, die sie erlösen sollen, erlösen zu sich selbst und zu ihrer kosmischen, religiösen Kompetenz. Daher rührt die Verführbarkeit der Frau, ihre immer neue Leidens- und Enttäuschungsgeschichte. Denn dem patriarchalen Mann kommt es nicht im entferntesten in den Sinn, daß solche Erlösungswünsche auf ihn projiziert werden. Er hat viel konkretere Absichten, und Zuwendung schmeichelt seiner Eitelkeit. Ob die Liebesromanze im nüchternen Ehealltag mündet, ob in schmerzhaften Trennungen — immer hat die enttäuschte Frau das Empfinden, daß Entscheidendes ihr vorenthalten worden ist. Aber die patriarchalen Gefängnismauern sind so dicht, daß bisher nur wenige entdecken, daß nicht ein Mann, sondern nur geistige Kräfte in ihr selbst ihre Sehnsucht erfüllen können.

Schuldzuweisung an die Frau

Das zweite Täuschungsamöver des Patriarchats ist die Schuldzuweisung an die Frau, klassisch formuliert durch Adam: »Das Weib, das du mir zugesellt hast, das hat mir von dem Baume gegeben, da habe ich gegessen« (1. Mose 3,12). Da demnach mit Eva alle Sünde und damit alles Unheil in die Welt kam, kann ihr und ihrer Schwester Pandora nun auch alles Weitere zugeschoben werden. Die Frau wurde zum jederzeit verfügbaren Sündenbock für alles, was dem Mann nicht so gelang wie geplant. Daß Jephtas Tochter ihm als erstes entgegenkommt auf seinem Heimweg, ist selbstverständlich ihre eigene Schuld: »Ach meine Tochter! Wie beugst du mich tief! Du bringst mich ins Unglück!« (Richter 11,35). Seit Adam und Jephta versteht es das Patriarchat meisterhaft, die Verantwortung für eigene Entscheidungen anderen, mit Vorliebe Frauen, zuzuschieben. So hat Pilatus seine Hände in Unschuld gewaschen, weil doch das Volk gerufen hat »Kreuzige ihn!« Und König Herodes konnte nichts dafür, daß er Johannes den Täufer enthaupten ließ, mußte er doch sein Versprechen halten und Salome ihren Wunsch erfüllen. Salome, Tochter der Herodias, die vor König Herodes tanzt und als Lohn das Haupt des verhafteten Bußpredigers aus der Wüste fordert, ist zum Inbegriff des verführerisch-schönen Mädchens geworden, das eine Blutspur hinter sich herzieht. Das Erzählmotiv von Tanz und Enthauptung während eines Festmahles findet sich auch bei den antiken Schriftstellern Herodot, Cicero und Seneca, und es ist ein Rätsel geblieben, warum und durch wen es an den Hof des Königs Herodes nach Galiläa verlegt und mit dem Tod des Täufers in Verbindung gebracht wurde (Markus 6,17-28). Die Phantasie hat sich immer wieder mit der grausigen Szene befaßt und sie ausgeschmückt. In seinem »Atta Troll« hat Heinrich Heine die Königin Herodias und Salome zu einer Frau verschmolzen: »... denn sie liebte einst Johannem – in der Bibel steht es nicht, doch im Volke lebt die Sage von Herodias blutger Liebe – anders wär ja unerklärlich das Gelüste jener Dame – wird ein Weib das Haupt begehren eines Mannes, den sie nicht liebt?«

Mit dieser Frage deutet Heine auf den Kern des Knäuels dieser Erzählung. Nach Markus stiftete Herodias ihre Tochter Salome zu dem Wunsch nach dem Haupt des Täufers an, weil Johannes die Ehe zwischen ihr und dem König kritisiert hatte. Herodias war erst mit dem Bruder des Königs verheiratet gewesen. Der König ließ Johannes zwar verhaften, schätzte aber seinen Rat und bedauerte es, daß er schließlich »gezwungen« war, ihn enthaupten zu lassen. Salome erscheint in dieser Erzählung als »Lolita«, die ihren Stiefvater zum Bösen verführt und darum selbstverständlich schuldig ist am Tod des Täufers.

Das in der Antike so weit verbreitete Erzählmotiv läßt aber ahnen, daß noch ganz anderes sich darin verbirgt, eine Erinnerung an das Fest des Jahreskönigs, der sterben muß und dem ein neuer auf den Thron folgt. König Herodes oder andere patriarchale Herrscher, die nicht mehr von Gnaden einer Priesterin oder Königin, sondern dank militärischer Macht ihren Thron behaupten, vergnügen sich am Jahrestag ihrer Thronbesteigung an einer Persiflage auf den alten matrizentrischen Kult. Nach diesem Kult bestimmte die Priesterin den Tod des Herrschers und erwählte einen anderen. Später mußten anstelle des Herrschers andere Männer oder Tiere sterben. Herodias und Salome fungieren in dieser Erzählung als Königin und Priesterin in einem, nur haben sie in dieser patriarchalen Epoche nicht mehr die Freiheit der Partnerwahl, die haben sie längst eingebüßt, und so betreiben sie den Tod dessen, den sie insgeheim lieben und dem eigentlich die Königskrone gebührt, Johannes, während Herodes an der Macht bleibt. Das Ritual des Königsopfers, wie es sehr wahrscheinlich zu matrizentrischen Kulten gehörte, ist – bis heute – ein Hauptmotiv für die Unterdrückung der Frau und die Schuldzuweisung an sie. Während nach matrizentrischem Verständnis dieses Königsopfer dem Erhalt des Lebens für das ganze Land diente und mit Moral im heutigen Sinn nichts zu tun hatte, wird das Menschenopfer heute selbstverständlich moralisch verworfen, insbesondere von Männern. (Die Milliarden Menschenleben, die patriarchale Herrscher, deren Macht niemand eine Grenze setzen konnte, von ihren eigenen und fremden Völkern gefordert haben, werden dagegen als unvermeidlich angesehen.)

Wenn Frauen durch ihre patriarchale Verfremdung so irregeleitet sind, daß sie ihre eigenen kreativen Kräfte, den matrizentrischen Animus, verleugnen und töten, ernten sie von keiner Seite Dank. Denn so heftig die vitalen Kräfte, die im kreativen Animus verdichtet sind, auch bekämpft werden, sie werden doch dringend gebraucht, von Frauen ebenso wie von Männern. Frauen, die sich anpassen an die patriarchalen Regeln der Macht, der Institutionen und der geltenden Ordnung, geraten da in eine Schuldfalle. Sie zerstören, indem sie den Falschen töten, sich selbst und bringen dadurch wirklich Unglück in die Welt. Patriarchale Herrscher dagegen können sich zurücklehnen und gelassen ihre Hände in Unschuld waschen, weil das Geschäft, das ihre Macht stabilisiert, von anderen besorgt wird, ohne daß ihre weiße Weste beschmutzt wird.

Korrumpierung

Eine dritte, noch gefährlichere Täuschung der Frau gelingt dem Patriarchat dort, wo ihre Projektionsbereitschaft bewußt verwendet wird, um sie zu unterwerfen. Patriarchale Institutionen wie Kirche und Staat, Partei und Universität, Ideologien und wissenschaftliche Systeme können der Frau suggerieren, hier komme sie nun wirklich zu sich selbst. Hier werde ihr wahre Freiheit eröffnet, weil sie nun nicht mehr an einen einzelnen Mann gebunden sei, sondern aus eigenem Entschluß und nach eigener geistiger Einstellung handeln könne. Aber der Geist der Wissenschaft, der Kultur und der Politik, der Theologie und der Wirtschaft ist eben doch ein patriarchaler Geist und wird für die Frau zum Berggeist, der sie besessen statt frei macht. Die Bildung und die Karriere, die das Patriarchat zu vergeben hat, ist eine des Wissens, der Leistung und der Macht und legt sie auf Ziele fest, die diesem Geist dienen. Die moderne Emanzipationsbewegeng hat viel dazu beigetragen, denn Maßstab der Gleichberechtigung wurde der Mann. So bekam die emanzipierte Frau die Freiheit, auch die Erde zu zerstören, auch andere Völker einschließlich der sozial Unterprivilegierten auszubeuten, aber sie bekam nicht die Freiheit, ihre kosmische Aufgabe wahrzunehmen, und nicht die Freiheit, Gerechtigkeit zu wirken.[26] In der Frauenbewegung hat sich erst langsam herumgesprochen, daß ein paar Frauen, die Karriere machen und in leitende Positionen in Kultur, Wirtschaft und Politik aufrücken, das Los der Frauen insgesamt nicht verändern. Der Anpassungsdruck der patriarchalen Institutionen führt vielmehr zu einer Korrumpierung, und das heißt zu einer Selbstentfremdung der Frau, so daß sie schließlich nicht mehr fähig ist, sich in die Situation der weniger Privilegierten einzufühlen. Der Konkurrenzkampf unter erfolgreichen Frauen ist ein bitteres Kapitel innerhalb der feministischen Bewegung und zeigt anschaulich, wie der patriarchale Animus von einer Frau Besitz ergreifen kann.

Enteignung

Die vierte Form der Täuschung der Frau im Patriarchat ist die der raffinierten Enteignung der eigenen religiösen Wahrheit. Die alten weiblichen Riten wurden bis zur Unkenntlichkeit entstellt und in neuem Zusammenhang präsentiert. Erst dadurch wird die Entwurzelung der Frau vollständig, weil sie selbst nicht mehr erkennen kann, was ihr ureigenstes Erbe ist. In den letzten Jahrzehnten haben feministische Forscherinnen und viele Frauen dank ihrer Selbstbeobachtung und Intuition einige der dichten Schleier gehoben, die über den Überlieferungen aus matrizentrischer Zeit liegen.

Am Beispiel der schon angeführten Geschichten soll dieser Enteignungsvorgang verdeutlicht werden. Über die Opferung von Jephtas Tochter wurden weiter oben bereits Vermutungen angestellt, ohne daß ganz erhellt werden konnte, um welchen Frauenritus es sich wohl gehandelt haben mag, den sie mit ihren Gespielinnen in den Bergen beging. Es ist auch durchaus denkbar, daß die Bitte Amnons, seine Schwester solle kommen, vor seinen Augen Kuchen backen und ihm zu essen geben, einen religiösen Hintergrund hatte und ein Heilungsritual damit verbunden war. Das Kuchenbakken der Frauen galt als eine Form des Kultes der Göttin.[27] Möglich also, daß Thamar glaubte, zu einem Heilungsritual gerufen zu werden, als David nach ihr sandte und sie ans Bett ihres Bruders rief. Wie das Königsritual in sein Gegenteil verkehrt wurde, haben wir am Beispiel der Enthauptung des Täufers bedacht. Einen deutlichen Hinweis auf die Verfremdung einer ursprünglichen kultischen Wirklichkeit gibt die Geschichte von Judith. Da wird erzählt, daß ihr Mann bei der Gerstenernte gestorben sei. Diese Nachricht und die Kenntnis des kanaanäischen Mythos von Anat und Baal geben Hinweise darauf, worum es sich bei der Judith-Erzählung wohl ursprünglich gehandelt hat, bevor sie in eine politisch-militärische Heldentat umgemünzt wurde. Der kanaanäische Mythos lehnt sich an die Jahreszeiten an. Zur Zeit der Gerstenernte, und das heißt im Orient kurz vor Beginn der Trockenzeit, begehen die Frauen den Tod des Getreidegottes, der Baal oder einen anderen Namen tragen kann. Die Schilderung, wie die »Witwe« Judith auf dem Dach ihres Hauses ein Hütte baut, ein häres Gewand trägt und fastet, deutet auf die Trauerriten zu Ehren dieses Getreidegottes hin. Man stellte sich vor, daß Baal nun in die Unterwelt müsse, besiegt von seinem Gegner Mot. Mot ist der Herr der trockenen Jahreszeit, die auf die Gerstenernte folgt, wenn kein Regen mehr fällt, die Felder braun sind, Hitze darüber flimmert, Quellen und Flüsse versiegen und selbst die Wasservorräte in den Zisternen knapp werden. In dieser Zeit, so der Mythos, macht sich Anat, die liebende Schwester Baals, auf, um den Bruder aus der Unterwelt zu befreien. In ihrer Liebe zu Baal nimmt sie es mit Mot, diesem fürchterlichen Gegner, auf. Sie steigt hinab in die Unterwelt, tötet Mot, findet Baal und bringt ihn ins Leben zurück. Bei seiner Wiederkehr — zu Beginn der neuen Regenzeit — wird ein Freudenfest gefeiert, denn nun sprießt wieder junges Grün auf den Feldern, Baal ist auferstanden. Wer diesen Mythos und seine Riten kennt, begreift, wie er in die Juditherzählung übernommen und zugleich historisiert worden ist. Historisierung bedeutet immer etwas Zweifaches: Aus einem immer wiederkehrenden Ritus wird das Erinnerungsfest an ein historisch einmaliges Ereignis, und aus einem Kult, der kosmische Vorgänge begeht, wird ein nur auf den Menschen bezogenes Ereignis.

Der »Mann« Judiths, der zur Zeit der Gerstenernte starb, ist ursprünglich Baal oder ein anderer Vegetationsgott. »Witwe« ist die Umschreibung für die trauernde Göttin Anat beziehungsweise ihre Priesterin Judith. Holofernes, der die Bewohner des Landes von ihren Quellen und Flüssen abgeschnitten hat, ist ein anderer Name für Mot, den Herrn der Unterwelt, der Hitze und der Trockenheit. Zu ihm steigt Judith hinab, nimmt aber ihr eigenes Essen mit, um sich bei den Heiden nicht zu verunreinigen. Sie hält damit zugleich die Regel ein, die bei allen Unterweltreisen zu beachten ist: Man darf dort keine Speise annehmen, sonst verfällt man ihr. Da es Judith gelingt, Holofernes/Mot zu töten, ist der Zugang zu Quellen und Flüssen wieder offen (Baal, der auch ein Regenbringer ist, ist auferstanden). Judith führt den Reigentanz und Gesang der Frauen an, um Baal zu begrüßen. Anstelle des Liedes auf Baal steht im Judithbuch ein Triumphlied über die Assyrer. Wenn dann erzählt wird, daß Judith hoch geehrt wurde und kein Mann sie berühren durfte, läßt sich daraus schließen, daß sie lange das Amt einer jungfräulichen Priesterin innehatte, die Jahr für Jahr die Trauerriten ebenso leitete wie das Fest zu Baals Wiederkehr. Hier also ist ein auf kosmische Rhythmen bezogenes Ritual noch rekonstruierbar. Es zeigt die volle religiöse Kompetenz der Frau. Der Respekt vor ihrer Macht wird selbst in der Verfremdung noch spürbar, indem die Magie, die einst die Trockenzeit unter der Herrschaft eines Mot beendete, ein Volk dazu ermutigt, sich gegen ein Heer von 120 000 schwer bewaffneten Assyrern zu wehren.

Wenn aber die religiöse Kompetenz der Frau umgedeutet wird zu einer privaten Angelegenheit und dazu verwendet wird, einen Krieg zu führen, wenn eine Frau den Männern Mut zusprechen soll, dafür aber die Ehrfurcht vor den Abläufen der Natur schwindet, dann entsteht das, was heute als Verschleiß der Ressourcen der Erde und als ökologische Krise sichtbar wird. In der Seele der Frau hat die Enteignung, die mit einer Verdrehung ihrer heiligsten Gefühle und deren Mißbrauch für männliche Zwecke verbunden ist, verheerende Folgen hinterlassen. Sie spürt, daß ihr Opfer keinen Sinn hat, weiß aber lange nicht, warum. Sie sieht, daß ihre Hingabe an Söhne, Brüder, Männer und Väter nur dazu verwendet wurde, sie für Kriege zu stärken oder die Natur zu zerstören. Sie sieht sich als Gefangene eines Drachen, dem sie geopfert wird. Dieser Drache verschlingt und hortet die Kräfte, die der Erneuerung des Lebens dienen sollen. In solcher Weise mißbraucht zu werden für sadistische Zwecke ist dem Gefühl vergleichbar, einer Vivisektion unterzogen zu werden. Und wenn, wie so oft geschehen, dies alles auch noch im Namen Gottes, des Vaters, von ihr verlangt wird, bekommt dieser Gott für sie die Fratze des Teufels, des bösartigen Durcheinanderbringers, des Vaters der Lüge.

Trauer

Heute, da immer mehr Frauen bewußt wird, welche Folgen für sie die Fixierung auf den Mann hat, wie sie durch patriarchale Ideologien belogen worden sind, wie sie einem falschen Gottesbild aufgesessen sind, beginnt auch die Suche nach einer Reinigung davon. Immer mehr spüren, daß es keinen Sinn hat, nur auf einen besseren Mann zu warten, individuell oder in der Öffentlichkeit, sondern daß eine Erneuerung nötig ist, die weit darüber hinaus reicht, eine Rückbesinnung auf − nun nicht allein das Weibliche, sondern damit verbunden auf den kosmischen Hintergrund unseres Seins. Das freundlichste Bild für diesen kosmischen Urgrund, dem wir uns verdanken und dem die weibliche Seele Zugang ins Diesseits gewährt, ist die Jungfrau mit dem Kind als Symbol für einen Neuanfang. Realistischer für die Gegenwart scheint allerdings zunächst das Bild der Pietà − die Mutter mit dem geschändeten und getöteten Sohngeliebten auf dem Schoß − als Symbol für die Trauer über den Umgang mit dem Heiligen, wie er heute Brauch ist.

Jesus kann als Personifikation des kreativen Animus aufgefaßt werden, den das Patriarchat ebenso feindselig bekämpft, wie es die Frau entwertet und unterwirft. So wie Jesus aus der Stadt hinausgeführt und unter die Verbrecher gerechnet wurde, wie er gegeißelt, zum Spott gekrönt und in grausiger Persiflage als König der Juden ans Kreuz geschlagen wurde, so ging und geht das Patriarchat mit dem um, was der Frau heilig ist und was sie im Bild des kreativen Animus imaginiert.

Dabei ist die Unterscheidung zwischen dem patriarchalen und dem kreativen Animus heute ein schwieriger Differenzierungsprozeß. Eine Jahrhunderte während Diffamierung des Heiligen hat Folgen. Was immer als heilig erscheint, ist auch schon lächerlich gemacht worden, beschmutzt, verleumdet und entstellt, geschwächt und erniedrigt. Der patriarchale Animus, der nicht allein in der Frau seine Stimme erhebt, sondern identisch ist mit dem kollektiven Bewußtsein der Gegenwart, versteht es mit allen Tricks, mit Skepsis und Spott, mit wissenschaftlichen Argumenten und Versprechungen, die Frau in ihrem patriarchalen Gefängnis festzuhalten.

Unversehens findet sich die Frau in einer ähnlichen Situation wie die Frauen unter dem Kreuz, die trotz aller Gefahr mitgingen, als Jesus nach Golgatha geführt, angenagelt, endlich vom Kreuz genommen und zu Grabe getragen wurde. »Da kam eine Finsternis über die ganze Erde bis zur neunten Stunde, indem die Sonne ihren Schein verlor«(Lukas 23,44f). Für die Wahrnehmung der Trauernden ist die Einsicht, daß ihr kreativer Animus, den sie in einem Mann wie Jesus glaubte erkannt zu haben, den sie liebte und verehrte, tot ist und daß statt dessen auf der Erde ein Pilatus, ein Hoher Rat und Legionäre das Sagen haben, einem Weltuntergang vergleichbar. Sie hatte geglaubt, ihre Liebe und der Gefährte Jesus könnten die patriarchalen Herren überwinden, aber nun sieht sie, daß Jesus verloren hat und sie mit ihm, während die anderen triumphieren.

Wenn sie bei diesem Anblick nicht versteinern will, bleibt

ihr nur der Weg der Trauer. Eigentümlich ist, daß dieser Weg der Frauen in den Mythen vorgezeichnet ist, der Weg zum Grab des Geliebten, der Weg in die Unterwelt, der Weg zu sich selbst. Auch der Gang der Frauen zum Grab Jesu, wie die Evangelisten ihn schildern, war vorgezeichnet in den orientalischen Riten. Sie standen nachts auf, um den toten Geliebten zu suchen, der zerrissen und zerstückelt, verblutet oder von der Unterwelt verschlungen war. Und der Ritus weiß auch, daß die Frauen finden, sie finden – nicht einen irdischen Mann – sondern die Kraft des Lebens selbst, das Himmel und Erde durchdringt. Viele Anzeichen sprechen dafür, daß Jesus, der Gekreuzigte und Auferstandene, von Frauen der Urgemeinde als der erlebt und geglaubt worden ist, der sie aus ihrem patriarchalen Gefängnis befreit, ihnen ihre religiöse Kompetenz wiederbringt und es ihnen ermöglicht, sich aufzurichten, nachdem sie so lange mit gekrümmtem Rücken hatten leben müssen, vom Satan gebunden (Lukas 13,10ff). In den letzten Jahrzehnten haben Theologinnen gezeigt, daß die Jüngerinnen Jesu, daß Martha und Maria Magdalena und zahlreiche andere das frühe Christentum entscheidend geprägt haben.[28]

Aber die patriarchalen Herren der Kirche haben über die Frauen und über Jesus wieder gesiegt. Der Großinquisitor hat zu verstehen gegeben, daß er besser weiß, wie man mit Erfolg und Gewinn Religion organisiert und verwaltet, er hat die Frau erneut versklavt, belogen, durch Vorspiegelung von Geheimnissen an sich gebunden und sie entmündigt – alles unter dem Vorwand, sie glücklich zu machen.[29]

Für die meisten Frauen ist Christus heute nicht mehr zu unterscheiden von seinen Stellvertretern auf Erden, sie sehen in ihm genau den patriarchalen Tyrannen, dem sie auch sonst begegnen. Und dieser Raub an der Seele der Frau, diese Enteignung und Verkehrung ist wohl die fatalste und schmerzhafteste unter allen Verfehlungen in der Kirchengeschichte. Aber die Trauer der Frauen und ihr Gang zum Grabe kann immer neu anheben und Auferstehung sich ereignen, Auferstehung nicht eines Mannes, sondern das Erwachen des Geistes in der Frau.

Fünfter Teil

Die Wiedergewinnung der kosmischen Dimension des Heiligen

Zur Trauer um die verlorene weibliche Identität gehört heute auch die Suche nach den Erzählungen und Motiven, an denen schon in der Vergangenheit das Problem sichtbar wurde, das Frauen heute bedrängt. Das Märchen »Das Mädchen ohne Hände« wurde schon mehrfach erwähnt. Nachdem der Vater, angeblich um dem Teufel zu entgehen, ihr die Hände abgehackt hat, sagt sie: »Hier kann ich nicht bleiben« und zieht in die Welt hinaus, wo sie eine bessere Heimat zu finden hofft. Auf ihrem Weg kommt sie zum Garten des Königs und erliegt der Versuchung aller Töchter, die vom Vater dominiert worden sind; sie meint, in ihm nun den Idealvater gefunden zu haben, der sie schützen und nicht verlassen wird, zu dem sie aufschauen kann und der sie liebt. Anfangs scheint ihre Projektion auf diesen König sogar zu passen. Die Phase des Verliebtseins suggeriert ihr wie so vielen Frauen, sie sei am Ziel all ihrer Wünsche und Wege angekommen. Aber nicht lange, und der König verläßt sie, er zieht in den Krieg; und die Briefe, die sie wechseln, werden vom Teufel ausgetauscht. Der Vater mit seinem Problem hat das Mädchen ohne Hände wieder eingeholt, er konstelliert sich erneut in der Beziehung zum König, der eben auch nur ein Mann ist und nicht ein göttlicher Gefährte. Wieder ist sie die Schuldige an allem, wieder so ohnmächtig wie zu Hause, als der Vater zum Teufel wurde. Sie muß das Schloß verlassen und kommt nur mit dem Leben davon, weil die Mutter des Königs den Hinrichtungsbefehl nicht ausführt.

Mit ihrem Sohn Schmerzensreich zieht das Mädchen ohne Hände ein weiteres Mal in die Welt. Diesmal nun versucht sie nicht mehr, bei einem Mann Unterschlupf zu finden. Sie wird nicht noch einmal das Opfer und die Schuldige sein. Sie findet im Wald ein Haus, in dem jeder frei wohnen kann. Ihr erscheint eine weiße Jungfrau, die sie nährt und pflegt, und ihre Hände beginnen wieder zu wachsen. Diese weiße Jungfrau ist das wieder aufscheinende Selbstbild des Mädchens in seiner ursprünglichen Unschuld[30], Bild zugleich ihrer geistigen Mutter. Viele Jahre vergehen, so erzählt das Märchen, bis die verstoßene Königin im tiefen Wald zu sich selbst findet. Die Tochter, die nicht mehr Kind sein durfte, aber ebensowenig erwachsen werden, kann nun den Reifungsprozeß vom kleinen Mädchen zur Frau in Ruhe durchlaufen, wobei nur der Wald ihr Gefährte ist. Es bedarf keines Mannes und keines Märchenprinzen, um sie zu erlösen. Im Gegenteil, dieses von seinem Vater und Ehemann in Teufelsgestalt verfolgte und zerstörte Mädchen kann ihre Wunden nur in der freien Natur heilen, dort, wo ihre inneren Begleiter – Engel und die weiße Jungfrau – sie leiten.[31]

Dieses Grimmsche Märchen verläßt die sonst übliche Märchensprache, indem es vom Teufel, von Engeln und der weißen Jungfrau erzählt. Es macht deutlich, daß es sich bei einem Vater-Tochter-Konflikt um ein geistiges Thema handelt, bei dem Dämonen und Engel auf dem Plan sind. Zugleich weist es auf ein ganz wesentliches Moment für die Rettung des Mädchens hin: Die Mutter des Königs läßt die Hinrichtung der jungen Königin nicht zu, sondern läßt dem König Herz und Leber einer Hirschkuh vorweisen. Mit der Hirschkuh wird angedeutet, daß das Mädchen unter dem Schutz der Artemis oder Diana steht, der Herrin der Tiere und des Waldes, der weißen Jungfrau. Sobald das Mädchen das patriarchale Gefängnis verlassen hat, erst das Vaterhaus, nun den Königspalast, bekommt sie wieder zu spüren, was den Töchtern des Patriarchats so lange vorenthalten war: daß sie eine geistige Mutter hat. Sie ist doch nicht für immer zur Salzsäule erstarrt, sondern bietet der Tochter im Wald ein Haus, wo sie frei wohnen kann, nicht mehr verfolgt und bedrängt von einem Vater in Teufelsgestalt. Die Identifizierung des Mädchens mit diesem Bild der weißen Jungfrau gibt ihr eine Identität, die sie unangreifbar macht für den Vater wie den Teufel. Sie braucht sich durch Schuldvorwürfe nicht mehr verwirren zu lassen und kann damit die Rolle der Märtyrerin loslassen, die sie immer noch an den Vater fesselt. Ursula Wirtz, die sich mit den psychischen Folgen des Inzest befaßt, schreibt: »Beim Inzest haben wir das Kind verloren, das wir einst waren, und auch das Bild von dem Kind, das wir hätten werden können. Alles, was für uns wertvoll war, ist uns genommen worden. Wir leben im eigenen Körper wie im Exil, wir haben die Identität verloren, die Unschuld, die Gefühle, den Glauben an eine Gerechtigkeit in dieser Welt... Vorzeitig ausgestoßen aus dem Kindheitsparadies, verurteilt zu Scham und Schuld, fühlen wir den Tod mitten im Leben.«[32] Die Tränen, die das Kind nicht weinen konnte vor Scham und Entsetzen, müssen nun geweint werden, geborgen bei der weißen Jungfrau, im Waldhaus, im eigenen Seelengrund, dort in den Bergen, in die sich Jephtas Tochter zurückzog.

Die weiße Jungfrau des Märchens kann Diana sein; viele werden sie auch für ein Mariensymbol halten. Das frühe Mittelalter kannte außer Maria noch andere Jungfrauen, die als Heilige angerufen werden konnten, um jungen Mädchen Halt und Orientierung zu geben.

112

Die heiligen Jungfrauen der Legende

Widerstand der Glücklichen

Es ist erstaunlich, mit welcher Schärfe die Legenden den
Konflikt der Tochter mit ihrem leiblichen Vater oder den
Herrschern gesehen und dramatisch gestaltet haben. Christus erscheint in diesen Legenden als der wahre Bräutigam
der Jungfrau, die aus Liebe und Treue zu ihm allen Bemäch-
tigungsversuchen des Vaters oder des mächtigen Herrn, der
sie begehrt, trotzt. Bemerkenswert ist an den Legenden außerdem, wie genau sie zu erzählen wissen, daß es hier um einen seelisch-geistigen Kampf geht und nicht in erster Linie
um eine sexuelle Angelegenheit. Von außen gesehen geht
der Kampf verloren, die Jungfrauen finden den Tod und er-
leiden entsetzliche Martern dabei, aber sie bewahren ihre innere Integrität, und allein das ist ihnen wichtig. Diese Sichtweise legt die Vermutung nahe, daß diese Legenden von
Frauen und für Frauen erzählt worden sind. Sie stellen einen
frühen Versuch dar, sich den grauenhaften Machenschaften
ihrer patriarchalen Umwelt zu entziehen. Wenn sie dabei
nicht den Märtyrertod sterben wollten, blieb ihnen über lange Zeit nur der Weg ins Kloster; und als Beispielsgeschich-
ten für Novizinnen kann ich mir diese schaurig-schönen Legenden gut vorstellen. Sie bestätigen jungen Mädchen nicht
weniger als das Recht, im Namen Christi, als dessen Braut
sie sich verstehen können, die Freiheit ihres Glaubens, ihrer
Liebe und ihrer Selbstbestimmung zu behaupten.

Margareta

Margareta, so erzählt die Legenda aurea, war die Tochter des heidnischen Patriarchen Theodosius von Antiochia. Sie wurde von einer Amme aufgezogen, die sie zum christlichen Glauben führte, und ließ sich taufen. »Darum haßte ihr Vater sie gar sehr.«[33] Fünfzehn Jahre war Margareta alt, als der Präfekt Olibrius sie beim Schafehüten sah und für sie entbrannte. Er ließ sie in seinen Palast holen, um sie zu heiraten, wenn sie eine Freie, oder sie als Konkubine zu nehmen, wenn sie eine Sklavin wäre. Als sie kam und er sie nach Herkunft und Stand befragte, bekannte sie ihren Christenglauben. Der Präfekt hielt nichts davon, daß eine »so schöne und edle Jungfrau einen gekreuzigten Gott habe«.[34] Als Margareta sich zum Auferstandenen bekannte, wurde er zornig und ließ sie ins Gefängnis werfen. Am andern Tag ließ er sie vor sich bringen und hielt ihr vor: »Du töricht Mägdlein, erbarme dich deiner Schönheit und bete unsre Götter an, auf daß es dir wohl ergehe. Gehorchst du nicht, so will ich deinen Leib zerreißen.«[35] Margareta darauf: »Christus gab sich für mich in den Tod, also will auch ich für Christum sterben.«[36] Da ließ der Präfekt sie aufhängen und foltern. Sie wurde mit Ruten geschlagen, und mit eisernen Kämmen wurde ihr die Haut heruntergerissen und das Fleisch bis auf die Knochen abgezerrt. Alle, die dabeistanden, weinten und klagten um ihre geschundene Schönheit, baten sie, doch ihr Leben zu retten. »Ihr seid schlechte Ratgeber, weichet von mir«, sagte Margareta, »diese Pein des Fleisches ist das Heil der Seele.« Und zum Präfekten: »Du schamloser Hund und unersättlicher Löwe, du hast Gewalt über den Leib, aber die

Seele bleibt Christo ergeben.«[37] Der Präfekt konnte ihren blutüberströmten Anblick nicht mehr ertragen und ließ sie wieder ins Gefängnis bringen. Dort bat sie Gott im Gebet, ihr zu zeigen, wer ihr wirklicher Feind sei. »Und siehe, es erschien ein ungeheurer Drache; als der sich auf sie stürzte und sie wollte verschlingen, machte sie das Kreuzeszeichen und er verschwand . . . Darnach wollte sie der Teufel zum andern Male betrügen und erschien ihr in eines Menschen Gestalt. Sie aber kniete nieder, als sie ihn sah, und betete. Da sie wieder aufstund, trat der Teufel zu ihr, faßte ihre Hand und sprach: ›Laß dir genügen an dem, was du getan hast, und lasse nun ab von mir.‹ Sie aber packte ihn an seinem Haupt und warf ihn unter sich zur Erde nieder, setzte ihren rechten Fuß auf seinen Scheitel und sprach: ›Da liege, du stolzer Teufel, unter eines Weibes Fuß.‹«[38] Sie zwang den Teufel zu sagen, warum er gekommen sei, und er mußte gestehen, er sei gekommen, ihr zu raten, doch den Mahnungen des Präfekten gehorsam zu sein.

Der seelisch-geistige Kampf wird als eine Art aktiver Imagination geschildert, während der Margareta ihr Inneres prüft und sich zu ihrer klaren Haltung erneut durchringt. Ihr Gebetskampf endet mit der Zuversicht: »Wer den Herrn (den Teufel) besiegt hat, wird auch den Diener (den Präfekten) überwinden.«[39] Am nächsten Tag wurde sie öffentlich weiter gefoltert, nackt ausgezogen, mit brennenden Fackeln verbrannt, dann in kaltes Wasser gesetzt, um ihre Schmerzen zu vermehren. »Aber plötzlich bebte die Erde, und die Jungfrau ging vor aller Augen unversehrt aus dem Faß.«[40] Davon war die Menge so beeindruckt, daß 5000 gläubig wurden. Der Richter fürchtete sich nun und befahl, sie zu enthaupten. Sie erbat sich Zeit für ein letztes Gebet, betete für sich und ihre Verfolger und um die Gnade, daß allen, die sie in Kindesnöten anrufen würden, geholfen werde. Dann sagte sie zum Henker: »Nun heb dein Schwert, Bruder, und schlag zu.«[41] Die Legende endet mit dem gewichtigen Satz: »Ihrem Vater war sie verhaßt, Christo war sie gar lieb.«[42]

Barbara

Nach ganz ähnlichem Muster geht die Legende der heiligen Barbara. Auch der Name ihres Vaters wird genau genannt: der reiche Dioscuros von Nikomedien. Um seine Tochter zu bewahren, schließt er sie in einem Turm ein. Trotz ihrer Abgeschlossenheit bekommt die schöne und kluge Jungfrau Kenntnis von Christus und läßt sich taufen. Als sie sich vor ihrem Vater dazu bekennt, will er sie erschlagen, doch sie kann zunächst fliehen. Aber der Vater spürt sie auf, schleppt sie, an den Haaren gefesselt, zum Statthalter Marcianus, der sie geißeln läßt. Nachts im Gefängnis erscheint ihr Christus und heilt ihre Wunden. Am nächsten Tag setzt der Statthalter die Martern fort, sie wird geschlagen, ihre Brüste werden abgerissen, sie wird mit Fackeln verbrannt, gepeitscht, doch ein Engel hüllt sie in ein schneeweißes leuchtendes Gewand. Der wütende Vater greift selbst zum Schwert und enthauptet sie.[43]

Katharina

Die wohl berühmteste der heiligen Jungfrauen ist Katharina
von Alexandria. Auch an ihr werden Schönheit und Klug-
heit gerühmt. Sie war die Tochter des Königs Costus, der sie
in allen damals zugänglichen Künsten und Wissenschaften
unterrichten ließ. Von sich aus suchte sie Kaiser Maxentius
auf, um ihm vorzuhalten, daß es seiner nicht würdig sei,
Christen den wilden Tieren vorzuwerfen, wenn sie den Göt-
zen nicht opfern wollten. Der Kaiser war ihren Argumenten
nicht gewachsen und ließ alle Weisen Ägyptens zusammen-
rufen, um mit ihr zu disputieren. Katharina konnte sie alle
mit ihren Argumenten überzeugen, sie wurden Christen.
Der wütende Kaiser ließ sie alle hinrichten. Nun versuchte
Maxentius es auf andere Weise mit ihr: »O du edle Magd,
schone deiner Jugend: so sollst du nach der Kaiserin die erste
heißen in meinem Palast, und ich will lassen dein Bild machen und stellen mitten in die Stadt, daß dich männiglich als
eine Göttin soll anbeten.«[44] Aber Katharina wußte ihm zu
antworten: »Rede mir nicht von solchen Dingen, derglei-
chen Sünde ist zu denken; wisse, ich habe mich Christo gegeben zu einer Braut, der ist mein Ruhm und meine Liebe,
meine Süßigkeit und mein Ergötzen, von des Liebe mag
mich weder Schmeicheln noch Pein scheiden.«[45] Darauf ließ
der Kaiser sie auspeitschen und ins Gefängnis werfen, wo er
sie zwölf Tage hungern ließ. Von dort aus bekehrte sie sogar
noch die Kaiserin zu Christus und wurde gestärkt durch
himmlische Speise, so daß sie nach den zwölf Tagen Fasten
noch schöner war als vorher. Noch einmal machte der Kaiser
ihr einen Antrag: »Ich begehre dich nicht zu besitzen als eine

Sklavin, sondern du sollst als eine gewaltige und hochgezierte Königin in meinem Reiche herrschen.«[46] Auch davon ließ Katharina sich nicht beeindrucken: »Nimm auch du wahr meiner Worte, Kaiser, das bitt ich dich, und entscheide mit rechtem Urteil und Prüfung, wen ich mir soll erwählen: den Mächtigen, Ewigen, Glorreichen und Gezierten oder den Schwachen, Sterblichen, Unedlen und Ungestalten.«[47] Nach dieser Beleidigung war es mit der Geduld des Kaisers zu Ende: »Opfre und lebe oder stirb mit ausgesuchter Pein.«[48] Auch darauf blieb Katharina ihm die Antwort nicht schuldig: »Verzieh nicht, alle Marter zu erdenken, als du vermagst, denn ich sehne mich, mein Fleisch und Blut dem Herrn darzubringen, als er sich selber einst für mich hat geopfert. Denn er ist mein Gott, mein Geliebter, mein Hirt und mein einiger Bräutigam.«[49] Auch die Martern, die ihrem Tod vorausgingen, waren von so vielen Wundern begleitet, daß immer mehr sich zum Christentum bekehrten und der Kaiser sich schließlich völlig allein fand. Ein drittes Mal noch bot er ihr den ersten Platz in seinem Palast an. Aber sie wies ihn auch ein drittes Mal zurück und zog den Tod vor. Vor ihrer Enthauptung kam eine Stimme vom Himmel zu ihr: »Komm nun, meine Geliebte und meine Braut, denn siehe, die Himmelstür ist dir aufgetan.«[50]

Dymphna von Gheel

Aus Irland stammt die Legende der heiligen Dymphna:
»Nach der Legende war sie die Tochter eines heidnischen
Königs in Irland im 7. Jahrhundert. Heimlich Christin geworden, floh sie nach dem Tod der Mutter nach Belgien, da
der ›lüsterne Vater in hefter Liebe für seine Tochter ent-
brannt‹ war, wie es in den Kirchenbüchern heißt. Doch ihr
Vater ließ ihr in seiner wilden Leidenschaft keine Ruhe, verfolgte sie und versuchte sie noch einmal für sich zu gewinnen
mit Schmeicheleien, denen sie aber widerstand. Nachdem
sie erneut seine ›unnatürlichen Zumutungen zurückgewie-
sen‹ hatte, enthauptete er sie.«[51]

Die innere Verwandtschaft zwischen all diesen Legenden
ist auffallend. Die Wiederholung dieses Motivs weist auf die
Dringlichkeit ebenso wie auf die Häufigkeit dieses Konflikts
hin. So unglaublich für heutige Ohren die Bereitschaft der
Mädchen zu derartigen Martern klingt, sie hat eine Entsprechung in dem, was Therapeutinnen von Inzestopfern wissen:
Sie hassen ihre Schönheit, bringen sich selbst Verbrennun-
gen mit Zigaretten bei, schneiden sich die Haut auf, um ihre
Schönheit, die sie für den Vater so verlockend macht, zu zerstören. Bei sehr vielen Magersüchtigen spielt als Motiv auch
der erlittene Inzest eine Rolle, und die Anorexia nervosa
führt bekanntlich oft zum Tode. Endlich berichten Frauen,
daß sie den Mut gefunden haben, sich aus ihrer Situation zu
befreien durch die Überlegung, daß der Selbstmord als letz-
ter Ausweg ihnen immer noch offensteht.[52]

Alle Momente des patriarchalen Terrors gegen die Tochter tauchen in diesen Legenden wieder auf: die Leugnung ih-

rer eigenen sexuellen Kompetenz, das Verbot der freien Partnerwahl, die Rechtlosigkeit vor einem patriarchalen Richter, der als Vater, König, Richter und Henker alle Macht auf sich vereinigt, und die Leugnung der religiösen Kompetenz der Tochter und Jungfrau: Als alles nichts mehr hilft, schlägt der Vater oder Herrscher der Tochter den widerspenstigen Kopf ab.

Nichtsdestotrotz nehmen die heiligen Jungfrauen mitten im Gefängnis des patriarchalen Herrschers alles für sich in Anspruch, was man ihnen vorenthält: das Recht der freien Partnerwahl, nur Jesus ist ihr Bräutigam, das Recht, sich selbst von Schuld freizusprechen – sie erkennen ihren irdischen Herrn und Richter ebensowenig an wie sie ihrem Vater ein Recht auf ihren Leib und ihre Seele zuerkennen; und ihre religiöse Kompetenz – was sie im Glauben erkannt haben – lassen sie sich auch mit Gewalt nicht austreiben, im Gegenteil, sie werden noch unter Martern zu Zeuginnen und Priesterinnen ihres Glaubens.

Die tödliche Feindschaft zwischen dem patriarchalen Animus und dem kreativen Animus ist in diesen Legenden dramatisch sichtbar gemacht: Der Herrscher will nicht, daß ein schönes Mädchen, das er begehrt, »einen gekreuzigten Gott« habe. In ihrem Gebetskampf imaginiert Margareta den patriarchalen Animus in Gestalt eines teuflischen Drachen oder Mannes, der sie zur Unterwerfung überreden will. Womit das Patriarchat, in diesen Legenden immer durch mächtige Männer vertreten, die Töchter zu verführen sucht, wird in der Legende der heiligen Katharina besonders sinnfällig vor Augen geführt: durch Reichtum, Macht und Ruhm; sogar göttliche Verehrung sichert der Kaiser ihr zu. Alles schlägt Katharina aus um des himmlischen Bräutigams willen, der sie schließlich auch als seine Geliebte und Braut empfängt.

Mit heutigem Vorverständnis gelesen, können diese Legenden eine moderne Frau nur empören: Da wird im Namen Christi von einer Frau verlangt, auf Unversehrtheit und Leben zu verzichten. Mit dem geschärften Blick der Trauernden für den kreativen Animus, der ebenso ein Opfer patriarchaler Gewalt wurde wie die Frau selbst, erscheint die Legende in neuem Licht. Da scheint etwas auf von der weltüberwindenden Kraft, die in der Frau wach wird, wenn sie ihren inneren Gefährten gefunden hat.

Trotzdem empört sich in der Frau von heute alles gegen die Verherrlichung solch ausgesuchter Martern und des Todes. Scheint es doch, als werde die Frau hier im Namen Christi zum willigen Opfer gemacht. Die Legenden hatten es insofern noch einfach, als sie heidnische Herrscher und Väter den Jungfrauen gegenüberstellen konnten. Seit im christlichen Abendland Inquisitoren und Richter im Namen Christi eine Jungfrau von Orléans und Millionen andere mit vergleichbar ausgesuchten Martern folterten und auf den Scheiterhaufen brachten, sind Frauen hellhörig geworden selbst gegenüber solchen Legenden. Verzichten die Jungfrauen nicht zu willig auf ihren Leib, auf die Erde und damit auf urweibliche Domänen?

Sicherlich können diese Legenden heute nicht als beispielhaftes Vorbild dienen. Immerhin führen sie auf brutale Weise vor Augen, was Mädchen und Frauen unter patriarchalen Herrschern auch ohne religiöse Gründe angetan worden ist und wird. Vor den Schrecken über die Martern treten für die heutige Wahrnehmung aber die Wunder, die sie begleiten, so sehr zurück, daß die Legenden verzerrt wirken. Nur auf den ersten Blick fehlt das Mütterlich-Bewahrende im Umkreis der heiligen Jungfrauen. Obwohl der Kaiser Katharina zwölf Tage lang hungern läßt, wird sie nicht bleich, sondern ihre Schönheit nimmt eher noch zu. Engel heilen die Wunden der Gemarterten und hüllen sie in Kleider aus Licht. Bei ihrem Tod bittet Margareta um die Gabe, Frauen bei der Entbindung beistehen zu können, und übernimmt damit die Rolle der Diana/Artemis der antiken Mythologie. Die Engel sind in diesen Legenden Sinnbilder mütterlicher Fürsorge für ihre Töchter, Abgesandte einer großen Mutter, die im Himmel wie auf Erden wirkt. Eine Variante zur Katharinenlegende macht das sinnfällig. Als Katharina, durch ihren Vater angeregt, alle Wissenschaften studiert hat, erscheint ihr ein Engel und macht sie darauf aufmerksam, daß das Wichtigste ihr fehle: Christus. Dann erscheint ihr Maria mit dem Kind, und sie verlobt sich mit ihm. Diese Verlobung macht Katharina zugleich zur Tochter der Gottesmutter und Herrin der Engel.[53] Der triumphierende Ton, auf den diese Legenden gestimmt sind, ist für heutige Ohren unbegreiflich. Aber sie sind doch Zeugen einer geistigen Auseinandersetzung, wie Frauen des Mittelalters sie offenbar verstanden und geführt haben. Sie sagen, daß die Wut des patriarchalen Animus, erscheine er real als Kaiser oder symbolisch als Satan, einfach ausgehalten werden muß, bis er sich selbst erschöpft und nicht mehr weiter weiß. Fast mitleiderheischend wird gezeigt, wie Kaiser Maxentius zum Beispiel zuletzt ganz allein und einsam bleibt, weil er nicht zum Ziel kommt und seine ganze Umgebung von ihm abfällt. Aber Katharina fällt es nicht ein, dafür Schuld zu übernehmen, sich zu schämen und zu schweigen.

Im Glauben derer, die sich durch Jahrhunderte an die heiligen Jungfrauen um Hilfe wandten, ging von ihnen Güte und Barmherzigkeit aus; sie standen an der Schwelle vom Diesseits zum Jenseits bereit, zu helfen und zu trösten, als Beistand bei der Geburt und beim Sterben. Nach dem Heiligenglauben hat gerade der Tod sie hineinwachsen lassen in ihre kosmische Macht.[54]

Die Legenden von den heiligen Jungfrauen lassen ahnen, welche befreiende Kraft Christus als himmlischer Bräutigam für die weibliche Seele haben kann, wenn er nicht verdunkelt ist durch die Maske des Großinquisitors, sondern Innenbild des kreativen Animus ist, des kosmischen Geistes, an dem die Seele sich aufrichten und in ihre heilige Aufgabe hineinwachsen kann.

Die Schöne und das Tier

Die Rückverwandlung des Verunstalteten

Nach Jahrhunderten der patriarchalen Fixierung ist der kreative Animus auch für die Frau selbst unerkennbar geworden, mit Asche und Schande bedeckt wie finsteres Heidentum, wie Thamar nach der Schändung durch Amnon, wie Jesus, der als Verbrecher am Kreuz starb. »Er hatte keine Gestalt noch Schönheit, daß wir nach ihm geschaut, kein Ansehen, daß er uns gefallen hätte. Verachtet war er und verlassen von Menschen, ein Mann der Schmerzen und vertraut mit Krankheit, wie einer, vor dem man das Antlitz verhüllt...« (Jesaja 53,2bf). Ein derart nicht nur unansehnliches, sondern furchterregend häßliches Wesen bricht in dem Märchen »La Belle et la Bête« in eine Familie ein, will eine Tochter haben oder den Vater töten. Angesichts dieses Problems zeigt sich die Spaltung in der Frau selbst, im Märchen dargestellt durch die beiden älteren Schwestern der Schönen, die außer Putz und Hochmut nichts im Sinn haben. Sie personifizieren den patriarchal korrumpierten Teil in der Frau. Sie machen die jüngste Schwester verantwortlich für das Problem mit dem Tier und wollen selbstverständlich nichts mit ihm zu tun haben. Die jüngste der drei Schwestern ist von anderer Art, ihre wahre Mutter ist eine Fee. Sie ist bereit, zu dem Tier zu gehen, obwohl sie damit rechnet, daß es sie fressen wird. Das Tier ist in diesem Märchen Symbol sowohl für Tod und Unterwelt als auch für das eigene Unbe-

124

wußte. Die Schöne geht darauf zu und findet sich wieder in einem Feenschloß, das wie für sie eingerichtet ist und in dem eine weiße Dame, die Fee, zu ihr spricht. Sie soll Herrin dieses Schlosses sein, sagt das Tier. Das Tier ist nicht etwa ein sanftes schönes Reh, wie in dem Märchen »Brüderchen und Schwesterchen«, sondern ein Ungetüm, ein Scheusal, ein Untier von grauenvoller Gestalt, das furchterregend ist und große Macht hat. Je länger die Schöne aber bei ihm bleibt, um so mehr ändert sich ihre Wahrnehmung: Sie merkt, wie zuvorkommend das Tier ist. Ist es auch häßlich und dumm, so hat sie doch bald keine Furcht mehr vor ihm, weil sie Mitleid mit ihm hat. An jedem Abend fragt das Tier sie, ob sie mit ihm ins Bett gehen, ob sie es heiraten wolle. Immer wieder sagt die Schöne freundlich aber bestimmt nein, obwohl sie inzwischen immer neue gute Eigenschaften an ihm entdeckt. Als sie endlich doch wieder einmal nach Hause gehen und nach ihrem geliebten Vater sehen will, verspricht sie dem Tier wiederzukommen. Die Schwestern neiden ihr ihre Schönheit und ihr offensichtliches Glück. Sie unternehmen alles, um die Schöne im Haus des Vaters festzuhalten, so daß sie zur verabredeten Zeit nicht zum Tier zurückkehrt.

Zur Rokokozeit, als dieses Märchen aufgezeichnet wurde, werden die älteren Schwestern als Frauen geschildert, von denen eine einen geistreichen, die andere einen schönen Mann heiratet. Heute wäre die eine eine intellektuelle, die andere eine attraktive Frau. Sie wollen, daß die Schöne das Tier vergißt und im Haus des Vaters bleibt, neiden ihr ihre Kreativität und innere Freiheit. Auch heute finden viele Frauen es überflüssig, sich mit ihrem seelischen Haushalt zu befassen, die Bilder des Unbewußten zu ergründen, matrizentrische Riten und Bilder von den Göttinnen der Urzeit kennenzulernen. Sie wollen dazugehören zu den aufgeklärten Leuten, die von so etwas nichts halten.

Ein Traum erinnert die Schöne an das Tier und zeigt ihr, daß das Tier schon im Sterben liegt. Spontan entschließt sie sich zur Rückkehr und findet das Tier wirklich im Garten liegend, bereit zu sterben, weil sie zur vereinbarten Zeit nicht zurückgekehrt ist. Das einst so bedrohliche Tier wirkt demütig; lieber will es vor Kummer sterben als der Schönen etwas zuleide zu tun.

»Er ward mißhandelt und beugte sich und tat seinen Mund nicht auf wie ein Lamm, das zur Schlachtbank geführt wird... doch sein Geschick − wen kümmert es? Denn aus dem Lande der Lebenden ward er getilgt...« (Jesaja 53,7f).

Es gibt lebendige seelische Kräfte, die offenbar wirklich sterben oder für immer aus dem erreichbaren Wahrnehmungsfeld verschwinden, wenn sie nicht beachtet und gepflegt werden, wenn das Ich die Beziehung zu ihnen nicht aufrechterhält und ihnen nachgeht. So sind der Frau im Laufe der Jahrhunderte viele urtümliche weibliche Fähigkeiten abhanden gekommen, viel Wissen wurde verschüttet, viel Kraft verkam ungenützt. Gerade weil sie die patriarchale Entwertung des Weiblichen übernommen hat, weil sie selbst es für gut hielt, sich in Tierfelle zu hüllen wie Allerleirauh, sich mit Asche zu bestreuen wie Thamar, aus Scham über das, was man ihr angetan hatte, überließ sie auch ihren kreativen Animus dem Tod in einem jenseitigen Garten bei einem jenseitigen Schloß, während sie im Haus ihres Vaters ihr oberflächliches Dasein führte. Im Märchen kommt es anders: Die Beziehung, die zwischen der Schönen und dem Tier schon entstanden ist, erweist sich als tragfähig, die Schöne merkt an ihrem Schmerz, daß sie ohne das Tier nicht mehr leben will, und gelobt ihm nun, es zu heiraten. Es braucht kaum noch hinzugefügt zu werden, daß das Scheusal sich daraufhin in einen schönen Prinzen verwandelt.

Die wirkende Macht im Hintergrund dieses Märchens aber ist die Fee. Sie ist der Schönen im Traum erschienen, kaum, daß sie das Vaterhaus verlassen hatte, und hat sie darin bestärkt, bei dem Tier zu bleiben: Sie sorgt nun auch dafür, daß das Tier seine schöne menschliche Gestalt wiederbekommt und die neidischen Schwestern versteinern.[55] In dieser Fee, die auch als eigentliche Mutter der Schönen gilt, verbirgt sich niemand anders als die große kosmische Göttin, deren Schloß die Welt ist. Auch durch dieses Märchen schimmert der uralte Mythos vom Gang der Liebesgöttin in die »Unterwelt« hindurch, wo sie den gestorbenen Geliebten sucht und ihm die Rückkehr ins Leben ermöglicht. Es ist sinnvoll, dieses mythische Geschehen heute auf die innere Bühne zu verlagern, weil der Suchweg des Ich in die eigene Unterwelt zu ähnlich wunderbaren Wandlungen führen kann. Trauernde werden auf diesen Suchweg manchmal gegen ihren Willen gezwungen, und je unverhoffter dies geschieht, um so grausiger erscheint das »Tier aus dem Abgrund« am Anfang. Wie der Vater des Märchens hat das Ich Angst, »gefressen« zu werden. Wenn das Ich sich aber von den vorgefaßten Meinungen löst und sich vertraut macht mit dem Unterweltschloß und dem Tier, bekommt das Unheimliche immer mehr ein gütiges Gesicht, und die Frau gewinnt ein ganzes Reich hinzu, das der Seele.

Wie in vielen Märchen, in denen zwischen den beiden älteren Schwestern und der jüngsten unüberbrückbare Unterschiede bestehen und die älteren Schwestern alles unternehmen, um der Jüngsten zu schaden, erscheint auch hier die

Strafe für sie doch hart. Die Fee verwandelt sie in Stein, läßt ihnen aber den Verstand, so daß sie dem Glück ihrer Schwester immer zusehen müssen. Ebenso hart klingt das Gleichnis Jesu von den klugen und törichten Jungfrauen, die dem Bräutigam entgegengingen. Zu den Törichten, die kein Öl dabei hatten, sagt der Bräutigam: »Ich kenne euch nicht«, und sie bleiben draußen (Matthäus 25,1ff).

Märchenbilder und Gleichnisse, alle haben die gleiche Botschaft an die Frau: Es ist nicht gut für sie, wenn sie auf die patriarchalen Argumente hört, wenn sie die Entwertung des Weiblichen glaubt und an sich selbst vollzieht. Sie darf sich die Schuldzuweisungen nicht zu Herzen nehmen, soll gerade nicht in Scham versinken, sondern Mut fassen, Öl auf der Lampe haben und ihrem Bräutigam entgegengehen. Dieser Weg wird ihr nicht leichtgemacht, so wußten zum Beispiel die Hörer des Rokokomärchens sowenig wie die meisten Frauen heute, daß das Tier einstmals nicht Repräsentant einer dem Menschen unterlegenen, sondern umgekehrt einer göttlich überlegenen Kraft war und der Weg zu ihm darum der Wiederentdeckung einer verlorenen weiblichen Möglichkeit gleicht, zum Beispiel ihrer Kreativität.

Auch der Weg der Trauer, den die Frau von heute zu gehen hat, führt durch die Wand der Selbstgeringschätzung und Selbstverurteilung hindurch zu wiedergewonnener Selbstachtung und Unschuld. Vom Gang der Frauen zum Grab erzählt der Evangelist, daß ein großes Erdbeben geschah, der Stein vom Grab fortgewälzt wurde und ein Licht wie ein Blitz vom Himmel erschien. Nicht viel anders erzählt das Märchen von Licht, Feuerwerk und Musik im ganzen Schloß, als die Schöne sich entschließt, das Tier nicht dem Tode zu überlassen, sondern für immer mit ihm zu leben.

Die »Begleiterscheinungen« psychischer Umwälzungen sind miteinander verwandt – in der Sprache des Glaubens wie in der des Märchens.

Noch ein anderer Vergleich gibt zu denken: Nach Dinas Vergewaltigung zogen ihre Brüder aus, um ihre Schwester blutig zu rächen; nach Thamars Vergewaltigung fühlte Absalom sich dazu berufen. Auch in dem Märchen »Die Schöne und das Tier« bieten die Brüder der Schönen an, an ihrer Stelle ins Schloß des Tieres zu ziehen und dieses zu töten, aber die Schöne winkt ab, sie will sich nicht durch ihre Brüder vertreten lassen. Es ist eher so, daß sie zu dem Tier eine schwesterliche Beziehung aufnimmt und es hütet wie einen Bruder. Auf diese Weise nimmt die anfängliche Bedrohung ein unblutiges Ende. Dies weist darauf hin, daß die kämpferischen »Brüder« in der Frau nicht einfach losgelassen werden dürfen auf andere; sie würden dann wüten wie wilde Tiere. Vielmehr scheint es Aufgabe der Frau zu sein, dem Tier freundlich aber bestimmt zu sagen, daß es so häßlich, wie es sich jetzt gebärdet, nicht mit zu ihr ins Bett darf, daß es sogar lernen muß, eher selbst zu sterben als ihr Kummer zu bereiten. Diese freundliche aber bestimmte Zähmung kann jedoch nur gelingen, wenn die Frau ihren weiblichen Wert nicht vor sich selbst verleugnet. Sie braucht dazu die immer neue Möglichkeit, sich mit der Großen Mutter, der Fee oder der »Herrin der Tiere«, wie sie aufgrund vieler Abbildungen auch heißt, zu identifizieren und daraus das Wissen von ihrer Zähmungskraft zu beziehen. Die Tarot-Karte »Kraft« zeigt dieses Motiv: Die schöne junge Frau bändigt mit leichter Hand den Löwen, faßt ihm ins Maul. Die patriarchale Moral hat die Frau gelehrt, sie sei hilflos wie Rotkäppchen gegenüber dem Wolf, wie Thamar gegenüber Amnon. Die ursprüngliche Fassung des Rotkäppchenmärchens weiß es ganz anders: Da ist das kleine Mädchen sehr wohl imstande, dem Wolf ein Schnippchen zu schlagen und ihm zu entwischen, statt daß er sie ins Bett zieht.[56] Die Freiheit der inneren Partnerwahl ebenso wie die der äußeren Partnerwahl gewinnt die Frau demnach erst wieder, wenn sie sich nicht als hilfloses Opfer der Männer bemitleidet, sondern sich auf ihre original weibliche Kraft besinnt.

Das setzt voraus, daß die Frau »das Tier« in sich selbst nicht länger auf den Mann projiziert und dann fürchtet, sondern als innere Gestalt erkennt, die zwar ungebärdig ist, ihr aber ein ebenso starker wie liebevoller innerer Gefährte werden kann.

Es liegt nahe, das immer wieder faszinierende Paar »Die Schöne und das Tier« als Variante zu der Urszene im Paradiesgarten zu deuten; da sind es Eva und die Schlange. Archäologische Funde haben längst belegt, daß der Früchtebaum, um dessen Wurzel sich eine Schlange windet, ein Urbild ist für die Göttin des Lebens. Einige Tonscherben zeigen eine weibliche Gestalt daneben, wahrscheinlich eine Priesterin. In der christlichen Tradition wurde die Schlange des Paradieses das Ungeheuer überhaupt, Symbol für Tod, Untergang, Sünde und Teufel. Das Wissen davon, daß weibliche Weisheit mit diesem »Untier« sehr wohl umzugehen, sogar die Kreativität gerade der Schlange kennt und zu nutzen weiß, ist darüber verlorengegangen; die »Schlange« mußte im Staube kriechen. Die Tochter des Patriarchats, die man von ihrer Mutter getrennt hatte, wurde zu einer ängstlichen Frau, die zudem dazu angehalten war, ständig ihre Sünde als Nachfahrin der Eva zu bekennen. – Die Märchenweisheit, die die Schöne zurückruft in den Garten, um das

Ungeheuer zu umarmen und damit ihre ursprüngliche Aufgabe als Priesterin und Herrin über das Weltenschloß zu übernehmen, hebt die patriarchale Sündenauffassung auf, weil die »Sund«, die Spaltung überwunden ist, die das Patriarchat künstlich gerissen hat. Die Schlange, so wird nun deutlich, ist ein Symbol für den kreativen Animus der Frau. Der Schöpfer von 1. Mose 2 und 3, der das Essen von den Früchten des Lebensbaumes verbietet und mangelnden Gehorsam eifersüchtig bestraft, ist eine Personifizierung des patriarchalen Animus, der Eva einem Mann unterwirft, der nun ihr Herr sein soll.

Naemi und Ruth

Die Erwählung des Lösers

Die Identifizierung einer Tochter mit einer mütterlichen Gestalt ist wohl selten so gültig formuliert worden wie von Ruth
gegenüber Naemi: »Dringe nicht in mich, daß ich dich ver-
lasse und von dir weg heimkehre. Wo du hingehst, da will
auch ich hingehen, und wo du bleibst, da bleibe auch ich;
dein Volk ist mein Volk, und dein Gott ist mein Gott. Wo du
stirbst, da sterbe auch ich; da will auch ich begraben sein«
(Ruth 1,16). Es bleibt der Phantasie der Leser überlassen,
sich auszumalen, was Ruth an Naemi so angezogen hat, daß
sie sich in dieser Weise auf ihre Schwiegermutter bezog. Das
Alte Testament überliefert sonst keine einzige Erzählung
über eine Mutter und ihre Tochter, um so mehr fällt die aus
freien Stücken bekräftigte Bindung Ruths an Naemi auf. Da
beide Frauen Witwen sind und als solche in einer patriarchalen Gesellschaft, wie sie hier vorausgesetzt wird, weder über
Rechtsschutz noch Eigentum verfügen, kehrt Naemi in ihre
Heimat Bethlehem zurück, wo Ruth beim Ährenlesen wenigstens in den Genuß des Armenrechts kommt, das heißt
freundlich geduldet wird.

Aber Naemi weiß noch besseren Rat, um für Ruth und
sich selbst Rechtsschutz zu finden: »Meine Tochter, ich muß
dir doch ein Heim suchen, damit es dir wohl ergehe. Nun ist
ja Boas, mit dessen Mägden du zusammengewesen bist, un-
ser Verwandter. Siehe, er worfelt heute nacht die Gerste auf

der Tenne. So wasche dich denn und salbe dich; lege deine Kleider an und gehe zur Tenne hinunter. Doch gib dich dem Manne nicht zu erkennen, bis er mit Essen und Trinken fertig ist. Wenn er sich dann schlafen legt, so achte auf den Ort, wo er sich niederlegt, gehe hin und decke die Stelle zu seinen Füßen auf und lege dich dort nieder; so wird er dir schon sagen, was du tun sollst« (Ruth 3,1-4).

Es lohnt sich, diese für heutige Ohren doch recht ungewöhnliche Empfehlung Naemis an ihre Tochter mit der Kuppelei Mordochais zu vergleichen. In beiden Fällen wird eine Pflegetochter zu einem mächtigen Mann geschickt, um mit ihm zu schlafen und so etwas Drittes zu erreichen. Aber wenn zwei dasselbe tun, ist es nicht dasselbe. Was für Esther zu einem lebensgefährlichen Unternehmen hätte werden können und zumindest ihre Gefühle und ihre Würde verletzte, ist für Ruth unter Naemis Anleitung ein heiteres Spiel. Und sehr wahrscheinlich war es auch ein Spiel, nämlich ein vertrauter religiöser Ritus, dessen Spielregeln bekannt waren. Israelitische Sitte ist es keinesfalls, was Naemi der Moabiterin Ruth vermittelt, sondern ältere, kanaanäische Gepflogenheit bei der Ernte. Wie schon im Zusammenhang mit der Judithgeschichte erwähnt, wurde die Gerstenernte auch als Tod des Vegetationsgottes, des Baal, betrauert. Aber vor Tod und Trauer wurde Hochzeit gefeiert mit Baal, denn an das Ende muß immer der neue Anfang geknüpft werden: Ein Teil der Ernte wird in Gefäßen gesammelt für die nächste Aussaat, die Frau erwählt sich den Partner für ihren Sohn. Beth ilu Lachama ist wahrscheinlich der ursprüngliche Name von Bethlehem, Haus der Göttin Lachama, einer Getreidegöttin. Der Name Boas bedeutet: Baal ist kräftig, und Ruth: die Gesättigte. Da es sich um matrizentrische Bräuche handelt, gilt bei diesem Fest selbstverständlich »Damen-wahl«. Boas weiß es sehr zu schätzen und freut sich, daß er der Erwählte ist: »Dies letzte Zeichen deiner Liebe ist noch schöner als das erste, indem du nicht den jungen Burschen, ob arm oder reich, nachgelaufen bist« (Ruth 3,10). In diesem kultischen Ritual verleiht die Frau dem Mann den Titel »Löser«:»Breite deine Decke über deine Magd«, sagt Ruth zu Boas, »denn du bist Löser« (Ruth 3, 9). Im Sinne israelitischen Rechts wird dies so gedeutet, daß Boas zu den Verwandten Naemis zählt, die zur Leviratsehe verpflichtet sind, das heißt dazu, dem gestorbenen Mann Naemis beziehungsweise ihren gestorbenen Söhnen einen Nachkommen zu zeugen. Aber da auch Dionysos diesen Beinamen hat und die Frauen Bethlehems später den Sohn der Ruth so nennen, handelt es sich wohl um einen älteren kultischen Titel, den die Frau dem Mann verleiht, der bei der Heiligen Hochzeit den Gott Baal vertritt, den Bringer des Regens und damit des Segens für Acker, Mensch und Vieh. So wählte die priesterliche Königin den König, der dem Land Fruchtbarkeit und Wohlstand geben sollte. Boas hat offensichtlich die alten Spielregeln gekannt. Er gibt Ruth am Morgen sechs Maß Gerste mit, die hier als Saatgut zu verstehen sind, und sagt ihr zu, die königliche Aufgabe der Rechtsprechung im Tor für sie zu übernehmen, was er dann auch tut.

Als Ruth zu gegebener Zeit einen Sohn zur Welt bringt, hat sie ihn nicht »dem Boas« geboren, wie es in patriarchaler Redeweise lange hieß, sondern der Naemi, ihrer Mutter, denn Naemi »nahm das Kind und legte es an den Busen und ward seine Pflegerin« (Ruth 4,16). Und die Frauen von Bethlehem stimmen ein Lied auf Naemi an. Naemi, die anfangs gemeint hatte, die Frauen sollten sie Mara, die Bittere,

134

nennen und nicht mehr Naemi, die Liebliche, bekommt ihren Namen wieder, weil sie sich verjüngt hat in Ruth, »die mehr wert ist für dich als sieben Söhne« (Ruth 4,15), wie die Frauen von Bethlehem singen. Dieses Fest der Geburt des »Sohnes« der Mutter Erde wurde wahrscheinlich zu Beginn der Regenzeit gefeiert, wenn das junge Grün aus der Erde sproß. Es galt als Auferstehung oder Erscheinung des Vegetationsgottes, aber auch als seine Geburt. »Gelobt sei der Herr, der dir heute einen Löser nicht versagt hat, und sein Name werde gefeiert... Der Naemi ist ein Sohn geboren!« (Ruth 4,14.17). Im Frühjahr wird die in der Zeit der Trockenheit »bitter« gewordene Mutter Erde wieder zur Lieblichen, bedeckt mit Grün und Blüten.

Mutter und Tochter, so wird an dieser Geburtsgeschichte und ihrer Symbolik für den Wechsel der Jahreszeiten deutlich, sind wirklich miteinander identisch; was der Tochter gehört, gehört zugleich der Mutter, denn die Mutter verjüngt sich in der Tochter. Diese alte matrizentrische Vorstellung ist in christlichem Gewand wiedergekehrt im Bild der »Heiligen Anna selbdritt«. Die Mutter der Maria hat ihre Tochter auf dem Schoß und Maria das Jesuskind. Sie bilden eine untrennbare Einheit.

Ruth, die als eine der Urmütter Davids gilt, zählt ebenso zu den Urmüttern Jesu. Die Frage zu Beginn des Buches, wie die Empfängnis Marias zu verstehen sei, wird auf dem Hintergrund dieser alten Vorstellung etwas klarer: Die Jungfrau gewinnt durch die Identifizierung mit der Großen Mutter der Weisheit und des Lebens die Macht, neues Leben hervorzubringen. Der Sohn, der dann geboren wird, bedeutet Leben und Fülle für alle, und als solcher ist er ein König der Gerechtigkeit.

Diese Art, Gerechtigkeit aufzurichten, ist so ganz anders als die, zu der Mordochai sein Mündel Esther zwang, die Mordbefehle anordnen mußte. Das Recht, das Naemi und Ruth schaffen, schadet niemandem, sondern bedeutet Freude für alle, weil es sich ausbreitet wie ein belebender Strom. Über Ruth wacht auch kein Vater, der sie als seine Leibeigene betrachtet, sondern sie wählt ihren Buhlen im Einklang mit ihrer Mutter. Da gibt es auch keine Verkrampfung und schon gar keine Bestrafung hinterher. Zugleich wird Boas aber mit dem Titel »Löser« verdeutlicht, daß die Lust dieser Nacht nicht nur seinem privaten Vergnügen dient, sondern eine heilige Einung meint, Nachvollzug des kosmischen Wunders des Neuwerdens durch das Sterben hindurch.

Jene namenlose Frau, die Jesus wenige Tage vor seinem Tod mit kostbarem Nardenöl salbte und von den Jüngern gescholten wurde wegen der Verschwendung, hat schon immer Rätsel aufgegeben: Was hat sie wohl damit gemeint? »Als aber Jesus in Bethanien... war, trat eine Frau zu ihm mit einer Alabasterflasche voll kostbarer Salbe und goß sie ihm über das Haupt, während er bei Tische saß« (Matthäus 26,6). Eine solche Salbung war in Israel als Königssalbung bekannt, gehörte aber auch zu alten Hochzeitsritualen. In matrizentrischer Sicht besteht dazwischen kein Unterschied. Diese Frau verleiht Jesus damit den Titel »Löser«, Erlöser, denn das soll der Messias, der Gesalbte sein. Sie erwählt ihn zu ihrem Bräutigam. Nur sie und Jesus wissen, daß dies auch seinen nahen Tod mit beinhaltet, so will es die alte Symbolik. Die männlichen Jünger sind eifersüchtig und schelten die Frau, Jesus aber nimmt sie in Schutz, er »breitet seinen Mantel über sie«: »Was betrübt ihr diese Frau? Sie hat doch eine schöne Tat an mir getan... Denn daß sie diese Salbe auf meinen Leib goß, das hat sie getan für mein Begräbnis« (Matthäus 26,10.12).

Was der Tochter im Patriarchat vorenthalten wurde, ihre sexuelle Kompetenz, die Freiheit der Partnerwahl, die Rechtsfreiheit und die religiöse Kompetenz – alles dies ist bei Ruth noch nicht verloren, weil sie in ungebrochener Identifizierung mit einer mütterlichen Gestalt lebt und handelt. Ruth ist kein Mädchen ohne Hände, sondern fähig, für ihr eigenes Wohl und das anderer zu sorgen. Die kleine, aber bemerkenswerte Szene von der Salbung in Bethanien läßt ahnen, daß in der Gegenwart Jesu die Tochter des Patriarchats aus dem Gefängnis heraustreten und ihre ursprüngliche Aufgabe wieder wahrnehmen konnte: das Leben zu erhalten und zu erneuern, indem sie den erwählt, der handelt, stirbt und in verwandelter Gestalt wiederkehrt als ein Diener der Weisheit. Obed – Diener – war der Name des Sohnes, den Ruth der Naemi gebar.

Ein Anklang an die ursprüngliche Religion der Schöpfungswonne ist auch in der Geschichte vom Besuch Marias bei Elisabeth zu spüren. Der Engel Gabriel hat Maria an Elisabeth verwiesen, als sei es ebenso natürlich wie notwendig, daß Maria ihren Sohn in der Identifizierung mit einer mütterlichen Frau austrägt: »Siehe, Elisabeth, deine Verwandte, auch sie erwartet einen Sohn in ihrem Alter; und dies ist der sechste Monat für sie, die unfruchtbar hieß« (Lukas 1,36) Der Evangelist erzählt, daß Maria zu Elisabeth über das Bergland eilte, sobald der Engel sie verlassen hatte, als brauche sie dringend das Vorbild und den Beistand der älteren Frau. Kaum nähert sie sich Elisabeth, ergreift beide Frauen ein Freudentaumel. Das Kind in Elisabeths Leib hüpft, sie preist Maria, Maria beginnt ihren großen Lobgesang, und sicher ist zu vermuten, daß Elisabeth einstimmte und beide dazu getanzt haben, wie eben Frauen einst getanzt haben, wenn sie sich im Einklang fanden mit der Göttin, die neues Leben hervorbringt, das Sättigung und Gerechtigkeit für alle bedeutet (Lukas 1,39-56).

Die Samariterin am Brunnen

Vom bloßen Wissen zur inneren Wahrheit

Wie Jesus buchstäblich zum Löser für eine Frau wird, davon erzählt seine Begegnung mit der Samariterin am Brunnen. Er nimmt das Gespräch mit ihr auf als ein einsamer müder Wanderer, der Durst hat. Wasser schöpfen ist im Orient und darüber hinaus überwiegend eine Aufgabe der Frauen, der Brunnen fast ein Synonym für die Große Mutter mit ihren unergründlichen Tiefen, aus denen doch immer wieder Leben quillt. Die Samariterin aber ist sich dieser ihrer ursprünglichen weiblichen Kompetenz nicht mehr bewußt. Sie ist eine typische Tochter des Patriarchats, den Kopf voll angelernten Wissens, das sie eifrig wie eine fleißige Schülerin abspult. Was die Väter des Glaubens sie gelehrt haben, ist ein Konglomerat von Vorurteilen und Rechthaberei, das ihr zum Leben nichts nützt. Der Verlauf des Gespräches gibt einen Eindruck davon, wie Jesus sie Schritt für Schritt herauslöst aus diesem Denkgefängnis. Zunächst hält sie ihm vor, daß er als ein Jude sie als die Samariterin gar nicht ansprechen, geschweige denn um etwas bitten dürfe. Zwischen Samaritern und Juden herrschte religiöser Zwist, weil die Juden die Samariter nicht als echtes Volk Gottes anerkannten und sie für unrein hielten. Deshalb mieden sie auch jeden Kontakt mit ihnen. Jesus setzt sich über diesen Konflikt hinweg, löst ihn einfach auf. Er verweist die Samariterin auf eine innere Quelle der Reinheit, die ewiges Leben bringt. Diese Quelle könne er ihr geben. Die Samariterin hält sich an das Offensichtliche: Du hast kein Schöpfgefäß, wie willst du mir Wasser geben? Jesus läßt sich auf diese rationalistische Redeweise wieder gar nicht ein, sondern verheißt ihr lebendiges Wasser, mit dem jeder Durst gestillt sei. Nun bittet die Samariterin ihn, ihr dieses Wasser zu geben, aber damit hat sie erst halb begriffen, was Jesus ihr verdeutlichen will. Darum bringt er das Gespräch auf ihren Mann. »Ich habe keinen«, sagt die Frau. Jesus sagt ihr auf den Kopf zu: »Fünf Männer hast du gehabt, und der, den du jetzt hast, ist tatsächlich nicht dein Mann« (Johannes 4,17). Mit diesem Satz macht Jesus ihr bewußt, daß sie immer wieder und bis dahin vergebens versucht hat, ihren Lebensdurst beim Mann zu stillen. Aber es war wie der immer neue Weg zu dem Brunnen, den Vater Jakob gegeben hatte; der Durst wurde niemals wirklich gelöscht. Jesus weist sie statt dessen hin auf die Liebesquelle in ihr selbst, die sie unabhängig macht von der suchtartigen Suche nach dem Mann. Der Fortgang des Gespräches zeigt einmal mehr, daß für eine Frau die Beziehung zum Männlichen und zum Göttlichen so nahe verknüpft ist, daß eines das andere mit sich zieht. Nur anscheinend unvermittelt bringt die Samariterin das Gespräch nun auf den Streit zwischen Samaritern und Juden um den heiligen Berg. Wieder ein Väterstreit. Ist es der Garizim oder der Zion? Jesus lehrt sie, nicht auf diesen vordergründigen Zank zu hören, sondern auf die Stimme in ihr selbst, die Quelle: »Gott ist Geist, und die ihn anbeten, müssen ihn in Geist und Wahrheit anbeten« (Johannes 4,24). Aber noch immer meint die Frau, das könne ihr die innere Stimme nicht sagen, es müsse von außen oder in Zukunft ein Messias kommen, der das lehrt: »Ich weiß, daß der Messias kommt... wenn dieser kommt, wird er uns alles kundmachen« (Johannes 4,25). Jesus löst nochmals ihr angelerntes Wissen auf zugunsten eines Wissens, das nur aus ihr selbst kommen kann: »Ich bins, der ich mit dir rede« (Johannes 4,26).

Die Stimme der inneren Quelle zu hören und ihr zu trauen sollte das Nächstliegende und Natürlichste sein. In einer patriarchalen Kultur ist es zum Schwersten geworden. Aber die Samariterin hat nun den Brunnen in sich selbst entdeckt. Sie läßt ihren Krug am Jakobsbrunnen stehen, denn nun sprudelt es aus ihr selbst. Befreit aus dem engen Gehäuse des bloß Angelernten und gehorsam Nachgesprochenen, hat sie nun zu ihrem eigenen religiösen Wissen zurückgefunden. Ihre Botschaft an die Einwohner ihres Dorfes ist schlicht: »Er hat mir alles gesagt, was ich getan habe« (Johannes 4,29). Das heißt so viel wie: Er kennt mich, er weiß von mir und meinen innersten Regungen. Aber dieser Wissende ist kein eifersüchtiger und strafender Herr, der sie nun zu Scham und Schweigen verurteilt, sondern im Gegenteil lebendig machender Geist, der ihre Stummheit in Jubel verwandelt.

Das lebendige Wasser, von dem Jesus zu der Samariterin sprach, erinnert an die Symbolik des Dionysos. Der war nicht nur ein Wein-, sondern ebenso ein Wassergott, Verdichtung einer göttlichen Kraft, die alles in Fluß bringt, und damit eine der elementaren Gottheiten, die für den kreativen Animus der Frau stehen. Dionysos wurde in der Nacht vom 5. auf den 6. Januar als göttliches Kind geboren und als Schlange und damit als Quelle verehrt.[57] Sein Erscheinen, seine Epiphanie, die mit der Regenzeit und dem Frühling im Orient zusammenfiel, wurde von Frauen, seinen »Ammen«, mit Jubel begrüßt: »Es strömt von Milch der Boden, strömt vom Weine, strömt vom Nektar der Bienen, und ein Wogen ist in der Luft wie von syrischem Weihrauch.«[58] Sein Advent, seine Epiphanie verwandelt alles. Er jagt bewaffnete Männerscharen in die Flucht, setzt sich an die Stelle des alten Königs, indem er die Königin zu seiner Geliebten macht. Frauen verlassen ihre Ehemänner und folgen ihm hinaus in die Wildnis. Frauen, die sich dagegen wehren, verfallen dem Wahnsinn. Die Welt ist wie verzaubert. Aus den Tiefen quillt der Lebensstrom, Felsen tun sich auf, Wasserbäche fließen. Dionysos sprengt Fesseln, läßt Mauern niedersinken und hebt Scheidewände auf. Er trägt seinen Beinamen »Löser« zu Recht. Frauen, die ihm nachfolgen, die Mänaden, tanzen durch die Wildnis, nähren Säuglinge und Jungtiere an ihren Brüsten, und auf dem Höhepunkt des wilden Taumels zerreißen und fressen sie sie. Der Zerstückelte und Zerrissene aber ist wieder kein anderer als Dionysos selbst. Die Dionysien, Feste zu seinen Ehren, setzten alle alten Ordnungen außer Kraft. Der Rauschgott, dessen Kult um Geburt und Tod in Wirklichkeit zu höchster Wachheit stimulierte, war ein Gott der Frauen.

Gemessen am dionysischen Taumel wirkt die Samariterin, die das ganze Dorf zusammenruft und erzählt, sie habe den Messias gefunden, alle sollten ihr hinaus zum Brunnen folgen und selbst sehen, noch recht verhalten. Trotzdem läßt die knappe Erzählung zumindest ahnen, wie Frauen der Urgemeinde das Kommen des Christus erlebt und verstanden haben.

Jesus begegnete ihnen meistens auf einem Weg der Trauer. Da ist die Witwe zu Nain, die ihren einzigen Sohn zu Grabe trägt, den er zum Leben erweckt; da ist Martha, die um ihren toten Bruder Lazarus trauert und der er sich als die

Auferstehung selbst offenbart; da sind die klagenden Frauen von Jerusalem, Maria Magdalena und die anderen Frauen, die zum Grab kommen, um ihn zu salben, und die den Auferstandenen wahrnehmen. In diese Reihe gehört auch die Samariterin, die zum Brunnen geht, ohne Hoffnung darauf, ihren Durst zu löschen. Wie die Goldmarie im Märchen »Frau Holle« ist sie unversehens in ein jenseitiges Reich entrückt, in das Wunderreich der Seele. Am Grab, an der Talsohle der Trauer, ersteht die elementare Kraft, die verwandelt, der Christus.

Alle diese Frauen begegnen ihm, als sie, ob freiwillig oder nicht, hinausgegangen sind aus ihren Wohnungen, draußen, jenseits der Behausungen des Patriarchats, die für sie doch nur Exil waren. Dort draußen finden sie wieder zu sich selbst, zu ihrer ursprünglichen weiblichen Identität. Es ist, als sei Christus für sie nicht das ganz Andere, sondern im Gegenteil etwas tief Vertrautes, Symbol ihrer verlorenen und nun erneuerten inneren Kraft, gebildet aus den Farben elementarer schöpferischer Kräfte: lebende Quelle oder Licht, Feuerflamme oder Sturm, Stimme der Weisheit oder Widder, himmlischer Bräutigam oder göttliches Kind, Eröffner des Kosmos oder belebender Geist. Indem sie Jesus begegnen, entdecken die Frauen diese belebende und erfrischende Energie wie das Osterwasser, wie Quellen, die im Frühling wieder sprudeln, von Frauen mit Ehrfurcht geschöpft und heimgetragen, um alles, was ihnen lieb ist, damit zu besprengen und zu verwandeln. Denn Priesterin des Heiligen zu sein ist ihre ureigenste Bestimmung.

Zusammenfassung

»Hier kann ich nicht bleiben«, diese Einsicht ist der Anfang
des Weges der Trauer, der hinausführt aus dem Vaterhaus
mit der trügerischen Sicherheit. Die heiligen Jungfrauen der
Legende haben, ob im Turm des Vaters eingesperrt oder im
Gefängnis des Kaisers, der patriarchalen Ordnung ins Gesicht hinein widerstanden, nicht bereit, sich dem väterlichen
Besitzanspruch, den sexuellen Ansprüchen des Mannes, den
religiösen Verboten oder Geboten zu beugen. Sie haben ihren töchterlichen Ungehorsam durchgehalten trotz der
Grausamkeit der Herren und sind dem Patriarchat gestorben, um einzugehen in das Lichtreich ihrer heiligen Mutter,
in dem sie eins werden konnten mit ihrem himmlischen
Bräutigam. Die Schöne konnte und wollte nicht bleiben in
einem Vaterhaus, das sich vor dem Tod fürchtete wie vor einem reißenden Untier. Sie stellte sich ihrer Angst. Da sie
aber die Liebe mitnahm wie eine Jungfrau, die ausreichend
Öl auf der Lampe hat, war ihr Weg in den Tod in Wahrheit
ein Weg ihrem Bräutigam entgegen. Ruth konnte und wollte
nicht bleiben im Haus ihrer Herkunft, sondern wählte sich
eine Mutter, um ihr zu folgen. In ihrem Namen stieg sie hinab auf die nächtliche Tenne, um den Löser zu erwählen, der
ihr und dem Land neues Leben bringen sollte. Wie sie ging
die Frau von Bethanien ins Haus Simons, des Aussätzigen,
um Jesus zum Christus zu salben. Nicht bleiben konnte die

Samariterin in ihrem Dorf bei einem Mann, der doch nicht ihr Mann war; sie ging hinaus zum Brunnen vor dem Dorf und fand dort sich selbst als eine Dürstende, die um Wasser bittet. Indem sie hineinlauschte in sich selbst, in die Tiefe ihres Brunnens, entdeckte sie die lebendige Quelle des ewigen Lebens.

Zum Schluß

Leider wird es weder der Frauenbewegung noch den christlichen Kirchen in absehbarer Zeit gelingen, neugeborene Mädchen vor dem Schicksal zu bewahren, das ihnen in einer patriarchalen, frauenfeindlichen Gesellschaft nach wie vor droht. Aber es sollte den Kirchen möglich sein, einige gedankenlose Irrtümer zu vermeiden.

In den letzten Jahrzehnten hat es sich in den Kirchen fast einhellig durchgesetzt, von Gott als von einem Liebenden zu sprechen. Ich denke, daß meine Ausführungen deutlich genug gemacht haben, daß bei einem großen Teil von Mädchen diese Rede so lange geradezu gefährliche Assoziationen weckt, wie dabei zugleich von einem Vater gesprochen wird. Denn die Liebe eines Vaters kann für ein Mädchen sehr bedrohliche Formen annehmen. Insbesondere für heranwachsende Mädchen ist die Vorstellung von einer weiblich-göttlichen Gestalt wie der Sophia wichtig. Denn was sie zunächst brauchen, ist die Bestätigung ihres Eigenwertes als Mädchen, ihrer jungfräulichen Unabhängigkeit. Selbstverständlich müßte die Vertrautheit mit der Weisheit einschließen, daß Mädchen nicht länger die Ehe als einzig mögliche sinnvolle Lebensform vorgespiegelt wird. Vielmehr muß deutlich werden, daß nicht erst die Beziehung zum Mann ein Mädchen zur Frau macht, sondern daß sie es ist kraft ihrer unverwechselbaren, individuellen Aufgabe im Gewebe der

Schöpfung. In einer Gesellschaft wie der unsrigen können Mädchen gar nicht früh genug darin bestärkt werden, daß sie sich fremdem Willen nicht beugen sollen, sondern im Vertrauen auf die ihnen eingestiftete Weisheit selbständige Werturteile fällen können.

Unsere Gesellschaft huldigt trotz vielfältiger gegenteiliger Erfahrung und Kenntnis immer noch der Meinung, Kinder und insbesondere junge Mädchen glichen unbeschriebenen Blättern, auf denen sich Lehrer und Erzieher mit ihren Inschriften verewigen sollten. Gegenüber Kindern sieht die Kirche ihre Hauptaufgabe darin, sie zu »bilden«, das heißt ihnen die Lehren der Tradition einzuprägen. Für die zudringliche Gewalttätigkeit dieses Verfahrens, das, wie inzwischen reichlich bekannt sein dürfte, die eigene Kreativität der Kinder blockiert, haben Erwachsene meistens kein Empfinden. Wieviel mehr Phantasie und Selbständigkeit würde freigesetzt, wenn junge Mädchen dabei begleitet würden, sich selbst und das Göttliche zu entdecken, wenn sie üben könnten, selbst zu wählen, welcher Kraft, welchem Geist sie sich öffnen wollen. Die Gottheit wäre dann nicht ein Dogma, ein Gedankengebäude, sondern ein in der Welt verborgenes Osterei, das entdeckt werden will, ein Thema nicht der Erlösung (von zuerst eingetrichterter Schuld), sondern der Partnerschaft bei der Entfaltung der Schöpfung. Das wäre eine Imagination wert, bei der Mädchen üben könnten, Wertvolles von Untauglichem zu unterscheiden.

Ohne es immer zu merken, ist die christliche Sprache durchsetzt von patriarchal-kapitalistischen Vorstellungen, insbesondere, wenn es um Gott geht. Da er der Schöpfer ist, so die Denkfigur, muß er wohl auch der Eigentümer der Erde sein, der mit gutem Recht Besitzansprüche anmeldet an alles, was da ist. Die Herrenmentalität in dieser Rede zeigt, daß Eigentum für die männliche Theologie etwas ebenso Heiliges wie Göttliches ist, und das, obwohl Jesus sagte, daß er zum Dienen gekommen sei. Diese Inanspruchnahme des Gehorsams gegenüber Gott nimmt letzten Endes die Freiheit wieder zurück, die der Schöpfer dem Geschöpf doch eingestiftet hat, wie es heißt. Gerade an diesem Thema wird deutlich, wie heilsam weiblich-mütterliche Züge für das Bild vom Göttlichen wären. Denn eine Mutter herrscht nicht in erster Linie über ihre Kinder, sondern erhält sie am Leben, freut sich ihres Wachstums, freut sich an ihrer Vielfalt und Verschiedenartigkeit, freut sich an ihren Begabungen. So breitet sich auch Gerechtigkeit aus, weil Raum ist für alle und jedes einzelne Wesen ein gern gesehener Gast ist. Nicht militärischer Gehorsams- und Unterwerfungsdrill, sondern Geschwistersolidarität und dabei besonders Frauensolidarität braucht die Erde heute. Diese Solidarität kann aber nur gedeihen, wenn ihr Boden die Wertschätzung ist, die jede und jeder von Anfang an erfährt.

Die fatalsten Wirkungen in der christlichen Frömmigkeit hatte und hat die immer wieder ins Juristische spielende Rede von Gott. Der Richter, Rächer und Strafende, die Schuld und die Sühne, der Loskauf und das Jüngste Gericht haben ein Gottesbild evoziert, das einem Inquisitionsgericht verwandter ist als der angeblich frohen Botschaft. Dabei soll nicht bestritten werden, daß die Frage nach der Gerechtigkeit, nach dem Zurechtbringen von vielem, das verdorben ist, ein dringliches Anliegen ist. Eine zutiefst menschliche und vor allem von Frauen geübte Antwort auf Unrecht und Gewalt ist die Trauer. Der Weg der Trauer endet gerade nicht in Verzweiflung oder Resignation, sondern steht seit der Auferstehung Christi unter der Verheißung der neuen Schöpfung. Der Jüngste Tag ist dann nicht Anfang ewiger Verdammnis, sondern der erste Weltentag eines neuen Schöpfungsmorgens. Die göttliche Kraft, die ihn heraufführt, ist nicht der Richter, sondern das göttliche Kind, in dem die heilende und erneuernde Kraft gesammelt ist.

Mit diesen Andeutungen soll gezeigt werden, daß es mancherlei Alternativen zum Vaterbild von Gott gibt, die in christlichem Kontext einen legitimen Ort haben. Die Gedankenlosigkeit, mit der berufene Lehrer der Kirche kleine Mädchen ein Gottesbild lehren, das inzestuöse Gewalt impliziert, muß aber ein Ende haben.

Anmerkungen

Bibelstellen sind zitiert nach »Die Heilige Schrift des Alten und des Neuen Testaments«, Die Zürcher Bibel, Zürich 1942

1 vgl. C. Meier-Seethaler, Ursprünge und Befreiungen
2 Mit diesem Begriff schließe ich mich C. Meier-Seethaler an, die ihn anstelle von matriarchal eingeführt hat. Gegenüber dem Begriff Matriarchat hat das Wort matrizentrisch den Vorteil, daß es nicht an eine Umkehrung des Patriarchats, also an eine Herrschaft mit umgekehrtem Vorzeichen, erinnert.
3 vgl. W. Schubart, Religion und Eros, der diesen Begriff eingeführt hat.
4 J. Rijnaarts, Lots Töchter
5 vgl. Jutta Voss, Das Schwarzmond-Tabu
6 vgl. L. Feuchtwangers Nachwort zu seinem Roman, Jefta und seine Tochter
7 vgl. P. Navè Levinson, Was wurde aus Saras Töchtern?
8 L. Feuchtwanger, Jefta und seine Tochter, S. 211
9 ebenda, S. 211
10 ebenda, S. 264
11 vgl. W. Schubart, Religion und Eros
12 C. Meier-Seethaler, Ursprünge und Befreiungen
13 Ch. Mulack, Natürlich weiblich
14 Die Spätschriften des Alten Testament; Das Buch Ester (nach dem griechischen Text), in: Die Bibel in heutigem Deutsch, Ester 4,C,25f

15 Die verwünschte Prinzessin, in: Deutsche Märchen seit Grimm, S. 144ff

16 vgl. U. Wirtz, Seelenmord

17 vgl. E. Drewermann/ U. Neuhaus, Das Mädchen ohne Hände

18 E. S. v. Kamphoevener, Halimeh in: An Nachtfeuern der Karawan-Serail, Bd. 3

19 L. Perlitt, Der Vater im Alten Testament, in: G. Bornkamm u.a., Das Vaterbild in Mythos und Geschichte, S. 63

20 L. Leonhard, Töchter & Väter, S. 31

21 C. Meier-Seethaler, Ursprünge und Befreiungen

22 U. Krattiger, Die perlmutterne Mönchin, S. 40f

23 Ruth, in: N. Sommer (Hrsg.), Nennt uns nicht Brüder, S. 248

24 vgl. dazu: M.-L. v. Franz, Der Individuationsprozeß, in: Der Mensch und seine Symbole, S. 189ff und: E. Neumann, Zur Psychologie des Weiblichen

25 W. Schubart, Religion und Eros, S. 29ff

26 vgl. Ch. Mulack, Natürlich weiblich

27 vgl. Jeremia 7,18

28 vgl. z.B. R. Albrecht, Die Frau in der Frühzeit der Kirche, in: V. Hochgrebe, M. Pilters (Hrsg.), Geteilter Schmerz der Unterdrückung

29 vgl. F.M. Dostojewskij, Die Rede des Großinquisitors, in: Die Brüder Karamasow, S. 336ff

30 vgl. die Deutung dieses Märchens von E. Drewermann

31 Das Mädchen ohne Hände, in: Kinder- und Hausmärchen der Brüder Grimm

32 U. Wirtz, Seelenmord, S. 215

33 Die Legenda aurea, Von Sanct Margareta, S. 463

34 ebenda, S. 463

35 ebenda, S. 464

36 ebenda, S. 464

37 ebenda, S. 464

38 ebenda, S. 465

39 ebenda, S. 465

40 ebenda, S. 465

41 ebenda, S. 466

42 ebenda, S. 466

43 Reclams Lexikon der Heiligen und der biblischen Gestalten, Stichwort Barbara

44 Die Legenda aurea, S. 921

45 ebenda, S. 921

46 ebenda, S. 922

47 ebenda, S. 922

48 ebenda, S. 922

49 ebenda, S. 922

50 ebenda, S. 924

51 U. Wirtz, Seelenmord, S. 59

52 vgl. U. Wirtz, Seelenmord

53 vgl. J. Ströter-Bender, Heilige

54 vgl. J. Ströter-Bender, Heilige

55 Madame Leprince de Beaumont, Die Schöne und das Tier. Mit einem Nachwort von Maria Dessauer

56 vgl. J. Zipes, Rotkäppchens Lust und Leid

57 Zur symbolischen Verbindung zwischen Schlangen und Quellen vgl. H. Egli, Das Schlangensymbol

58 zitiert nach W.F. Otto, Dionysos, S. 88

Literaturverzeichnis

Beaumont, de, Madame Leprincę; Die Schöne und das Tier.
   Aus dem Französischen übersetzt und mit einem Nachwort von
   Maria Dessauer, Frankfurt am Main 1977

Die Bibel in heutigem Deutsch. Die Gute Nachricht des Alten
   und Neuen Testaments mit den Spätschriften des Alten
   Testaments (Deuterokanonische Schriften/Apokryphen),
   Stuttgart 1982^2

Bornkamm, G./Gadamer, H. G./Assmann, J./Lemke, W./
   Perlitt, L; Das Vaterbild in Mythos und Geschichte.
   Ägypten, Griechenland, Altes Testament, Neues Testament,
   Hrsg. von H. Tellenbach, Stuttgart 1976

Deutsche Märchen seit Grimm, Düsseldorf, Köln 1964

Dostojewskij, Fjodor M.; Die Brüder Karamassow, Zürich 1974

Drewermann, E./Neuhaus, I.; Das Mädchen ohne Hände.
   Grimms Märchen tiefenpsychologisch gedeutet, Olten 1964

Egli, Hans; Das Schlangensymbol. Geschichte. Märchen.
   Mythos, Olten 1982

Feuchtwanger, Lion; Jefta und seine Tochter. Roman, Fischer
   TB 1988

Fox, Matthew, Vision vom Kosmischen Christus. Aufbruch ins
   dritte Jahrtausend, Stuttgart 1991

Fuhrmann, Marliese; Hexenringe. Dialog mit dem Vater, Fischer TB 1987

Göttner-Abendroth, Heide; Die Göttin und ihr Heros, München 1980

Grabrucker, Marianne; »Typisch Mädchen«. Prägung in den ersten drei Lebensjahren. Ein Tagebuch, Fischer TB 1988

Haen, de, Imme; »Aber die Jüngste war die Allerschönste«. Schwesternerfahrungen und weibliche Rolle, Fischer TB 1988

Hochgrebe, Volker/Pilters, Michaela (Hrsg.); Geteilter Schmerz der Unterdrückung. Frauenbefreiung im Christentum, Stuttgart 1984

Jacoby, Mario/Kast, Verena/Riedel, Ingrid; Das Böse im Märchen, Fellbach 1978

Jung, C. G.; Der Mensch und seine Symbole, Olten 1968

Kamphoevener, von, Elsa Sophia; An Nachtfeuern der Karawan-Serail,
Märchen und Geschichten alttürkischer Nomaden,
Band 3, Reinbek 1975

Kast, Verena; Paare, Beziehungsphantasien oder wie Götter sich in Menschen spiegeln, Stuttgart 1984

Kinder- und Hausmärchen gesammelt durch die Brüder Grimm, Insel Taschenbuch 112 - 114

Knauss, Sibylle; Erlkönigs Töchter. Roman, Fischer TB 1989

Krattiger, Ursa; Die perlmutterne Mönchin, Reise in eine weibliche Spiritualität, Zürich 1983

Kuckuck, Anke/Wohlers, Heide (Hrsg.); Vaters Tochter. Von der Notwendigkeit, den Frosch an die Wand zu werfen, Reinbek 1988

Die Legenda aurea des Jacobus de Voragine. Aus dem Lateinischen übersetzt von Richard Benz, Heidelberg 1979

Leonard, Linda; Töchter und Väter. Heilung und Chancen einer verletzten Beziehung, München 1988[3]

Meier-Seethaler, Carola; Ursprünge und Befreiungen. Eine dissidente Kulturtheorie, Zürich 1988

Miller, Alice; Du sollst nicht merken. Variationen über das Paradies-Thema, Frankfurt am Main 1981

Mulack, Christa; Natürlich weiblich. Die Heimatlosigkeit der Frau im Patriarchat, Stuttgart 1990

Navè Levinson, Pnina; Was wurde aus Saras Töchtern? Frauen im Judentum, Gütersloh 1989

Neumann, Erich; Zur Psychologie des Weiblichen, Kindler TB 1975

Olivier, Christiane; Jokastes Kinder. Die Psyche der Frau im Schatten der Mutter, Düsseldorf 1988[8]

Otto, Walter F.; Dinoysos. Mythos und Kultus, Frankfurt am Main 1980

Reclams Lexikon der antiken Mythologie, Stuttgart 1974

Reclams Lexikon der Heiligen und der biblischen Gestalten, Stuttgart 1979

Rijnaarts, Josephine; Lots Töchter. Über den Vater-Tochter-Inzest. Deutsch von Barbara Heller, Düsseldorf 1988

Schubart, Walter; Religion und Eros. Herausgegeben von Friedrich Seifert, München 1966

Sommer, Norbert (Hrsg.); Nennt uns nicht Brüder. Frauen in der Kirche brechen das Schweigen, Stuttgart 1985

Trible, Phyllis; Mein Gott, Warum hast du mich vergessen! Frauenschicksale im Alten Testament, Gütersloh 1990[2]

Voss, Jutta; Das Schwarzmond-Tabu. Die kulturelle Bedeutung des weiblichen Zyklus, Stuttgart 1988

Weil, Grete; Der Brautpreis. Roman, Zürich/Frauenfeld 1988[6]

Wirtz, Ursula; Seelenmord. Inzest und Therapie, Zürich 1989

Zipes, Jack; Rotkäppchens Lust und Leid. Biographie eines europäischen Märchens, Berlin 1985

Hildegunde Wöller

Ein Traum von Christus

In der Seele geboren, im Geist erkannt

270 Seiten, gebunden · ISBN 3-7831-0869-1

Hildegunde Wöller entwirft in diesem Buch ein Christusbild, das über die traditionellen Engführungen hinausweist. Glaube *an* Christus ist zu wenig, es geht um die Erfahrung des Christus in jedem einzelnen und um die Erkenntnis, zu welcher der Heilige Geist befähigt. Die Geschichten des Neuen Testaments geben zuletzt auch Hinweise auf das Verstehen der Gegenwart und Zukunft. Was heute als Bewußtseinsveränderung oder Paradigmawechsel bezeichnet wird, stellt die Autorin in den Zusammenhang mit dem Wachsen des Reiches Gottes. Christus, sagt sie, ist »Symbol einer Menschheit, die im Werden ist«.

Hildegunde Wöller

Das wieder eröffnete Paradies

Weihnachtliche Gespräche unter Freunden

187 Seiten, gebunden · ISBN 3-7831-0995-7

Die Vorstellung, daß Weihnachten vorwiegend ein Fest der Familie und für Kinder sei, verdeckt leicht, daß die Geburt Christi in erster Linie Erwachsene angeht. Die Autorin lädt zu einem Fest für Freundinnen und Freunde ein und erschließt den Sinn der vertrauten weihnachtlichen Motive − Jungfrau Maria und das Kind, die Hirten, die Engel, das Schenken, der Stern und die Weisen. Was durch Sentimentalität auf der einen und fremd gewordene dogmatische Formulierungen auf der anderen Seite unzugänglich geworden ist, bekommt in einer einfühlsamen und dabei engagierten Deutung neuen Glanz.

Kreuz: Bücher zum Leben

Unten an der Himmelsleiter

Erstaunliches aus der Bibel —
erzählt und gedeutet von Hildegunde Wöller

153 Seiten, kartoniert · ISBN 3-7831-1042-4

Die jüdischen Weisen und Jesus haben immer wieder Geschichten und Gleichnisse erzählt. Aber wie ein Grauschleier liegt heute das Gefühl des Allzubekannten auf den Geschichten der Bibel. Hildegunde Wöller, die erfahrene Theologin, lüftet diesen Schleier und läßt Erstaunliches sehen. Sie erzählt die vertrauten Geschichten von Jakob und Josef, Bileam und Manoah, Ruth und Abigail, Simon und Maria aus Magdala und anderen nach und gewinnt in ihrer Deutung ungewohnte Perspektiven. Die Autorin geht Fragen nach, weckt Assoziationen und läßt farbige Bilder Gestalt annehmen.

Hildegunde Wöller

Aschenputtel

Energie der Liebe

In der Buchreihe »Weisheit im Märchen«

142 Seiten, gebunden · ISBN 3-268-00018-5

Das Märchen vom erniedrigten Aschenputtel ist mehr als ein Glückstraum der Entrechteten. In ihm spiegelt sich der Konflikt zwischen der matriarchalen Religion und der patriarchalen Epoche der Kulturgeschichte. Aschenputtel und der Königssohn sind Symbolgestalten, wie sie in jedem Menschen wirksam sein können. Getragen von der Energie der Liebe, überwinden sie die Hindernisse, die sich dem Eros, der Weisheit und der Kreativität in den Weg stellen.

Kreuz: Bücher zum Leben